入社3年で結果を出す人、出せない人

丸茂喜泰

IT IS EASY TO ESCAPE FROM HARD PLACE AT ANY TIME.
BUT IT CANNOT ESCAPE FROM YOUR OWN LIFE.

明日香出版社

あの日の僕に

「なに熱く仕事のことなんて語ってるの？　お前変わっちまったなぁ。なんか社会人って感じ。うちの会社の××先輩みたいだよ。な〜　酒の席でくらい仕事の話やめようぜ」

僕が社会に出て半年経ったころに友人からもらった言葉だ。

当時は彼の言葉の本当の意味がわからなかったが、いまならわかる。

彼が言いたかったのは、「学生のときみたいにいっしょに楽しく過ごそうよ」ということ。

そして、きっとこう言葉が続いていていたんだろう。

「俺だって本当はそっちに行きたい……　俺一人置いていかないでよ……」

仕事に熱くなる。

仕事に真剣になる。

仕事で結果を出す。


僕はそもそも、そんな人間じゃなかった。

仕事なんてしたくなかったし、できるなら適当に遊んで過ごしたかった。

でも、いまの僕は知ってしまった。

「仕事」の楽しさを。「結果を出すこと」の喜びを。


ただ、そのときの僕は、友人にそのことを伝えられなかった。

僕も、変わることが怖かったんだ。

適当に仕事して、適当に遊んで、熱くもならず、嫌なことはやりすごして、友人とくだらないことを笑い合う。

そんな「変わらない自分」でいるほうが、どこかカッコイイんじゃないかと思っていた。

結局僕はそのとき、友人に「こっちへ来る方法」を伝えられなかった。

それから15年。

いまの僕なら伝えることができる。


僕自身が結果を出してきた方法。

僕の周りの人が結果を出した理由。

そして僕の部下が結果を出すためにとった行動。

それらを「どうやったらできるようになるか」ということを。


この本では、僕が経験してきた「結果を出す方法」と「それらをできるようになる行動」をできる限りまとめた。

変わりたくても、変われない。

わかっているけど、できない。

新しく社会に出たり、新たな生活をスタートしたときに、もし、そういう壁にぶつかることがあれば、ぜひともこの本を参考にしてほしい。

必ず、あなたが「変わり、できるようになる」きっかけをつかめるはずだ。

01

目次

入社3年で
結果を出す人、
出せない人

2章

結果を出す人の仕事　出せない人の仕事

3章 結果を出す人のコミュニケーション 出せない人の孤独

4章

結果を出す人の習慣　出せない人の習慣

付録 明日から変える4つの行動

カバーデザイン：デジカル　萩原弦一郎

1章

結果を出す人の言葉 出せない人の言葉

IT IS EASY TO ESCAPE
FROM HARD PLACE
AT ANY TIME.
BUT IT CANNOT
ESCAPE FROM
YOUR OWN LIFE.

01 結果を出す人は、「やります」と言う。結果を出せない人は、「やろうと思います」と言う。

僕の元上司で「まるで鬼」と周りから言われている人がいた。確かにたいへん厳しい人で、ここでは書けないほど強烈な表現を使って部下を叱る人だった。この元上司が部下にかけていた、いまでも忘れない言葉がある。

僕のいた部署に配属された新入社員。「高い目標」を与えられ、最初はやる気満々。しかし、月半ばを過ぎ、達成するのが難しい状況に陥った。

元上司は、細かく指示を飛ばした。「新規先へのテレアポを毎日○○件、既存のお客様へのアプローチを毎日○○回、さらに提案書を作り替えて…」

とんでもない行動量に、新入社員の顔は青ざめていく。最後に元上司が確認をした。

「お前がやるのはこの分だ。達成するために必要なことだ。大丈夫か」

「はい……　やるだけやってみます。がんばります」

その瞬間に元上司の檄が飛んだ。

「がんばるのは当たり前だ！　『がんばります』でごまかすな！」

さて、いま、この本を読んでいるあなたがもっている「目標」は何だろう。

ちょっと、この「目標」に対する決意を、いま声に出してみてほしい。

「　　　　　　　　　　　　　　　」


あなたは何と言っただろうか？

「今週は目標の３００万円を達成できればと思ってる」

「来週は必ず2社の契約をとれるようにする！」

「やれるだけやってみる」

「とにかくがむしゃらに、がんばってみます！」……

残念ながら僕はこのような答え方をする人にあまり期待をしない。こう答える多くの人が結果を出さないのを見てきたからだ。

では、上司が期待する人や結果を出す人はどのように答えていると思うだろうか。

「今週は目標の３００万円を達成します」

「来週は必ず2社の契約をとります！」

「やります！」


何が違うんだろうか？


最初に出てきた元上司の言葉。

聞いたときに、僕は核心をついているなぁ、と強く思った。

結果を出せない人は結果に対してコミットメント（＝強い約束、だ）をしない。

実は、「がんばります（が、もしかしたらダメかもしれません。でもとりあえずがんばります）」というカッコ内の言葉が心のなかで続いている。

結果を出せる人はそんな言いわけをもたない。

だから「やります」「達成します（させます）」と言い切ることができる。

さっき、もし自分の決意を口にした際に「〜しようと思う」「〜したい」「〜がんばる」という言葉を使った人は、一度語尾を変えて声に出してほしい。

（これは重要なので、必ず実行してみてほしい）

「（目標）を、やります！」と。

口にしてみると、思った以上に、心に負荷がかかる人が多いだろう。

よく心をのぞいてみると、「ああ、言っちゃったよ」とか「やばいなあ」という気もちが湧いているかもしれない。

でもここで大切なことは、**どっちの言葉を使っても、あなたのやるべき目標や求められる結果は一切変わらない**ということ。

結果が出ないときほど、人は無意識に自分を守り、責任を逃れようとする。

「目標は会社が言っていること、全力は出すつもり」という思考で自分を納得させ、逃げ道を作ってしまう。

自分自身のこと（恋愛や結婚、生活といったプライベート）であれば、自分で決めて自分で責任を負う「しかない」ので、自ら進んで決断できる人も多いだろう。でも会社や仕事上の目標は、やるべきこととなったとたんに、できる限り「自分の責任を軽くしよう」という方向に気もちのベクトルが働く。

だからこそ、多くの人が「（会社に言われたから）がんばってみます（やろうとは思いますが、でもやっぱり結果はわかりませんよ）」という言いわけや逃げ道が隠れた言葉を使いたがるんだ。

もちろん、逃げ道を作っていては成長のチャンスにはなかなか巡り会えない。

だから、ここで覚えておいてほしいことが二つある。

それは、**「どんな言い方をしようと、やるのはあなた。あなたの仕事は目標達成である」**ということと、**「本当のところ、上司はあなたの言葉などどうでもいい」**ということ。

一生懸命言いわけを並べたところで、あなたはその「目標達成をする」という責任から逃れられない。

結果として、目標達成できることもできないこともあるかもしれないが、どちらにせよ、それはあなたの仕事だ。

そしてさらに言えば、上司や会社があなたに求めているのは「強い決意が伝わる言葉」ではない。ほしいのは「結果」だ。

自分の仕事に責任をもち、「やります」と責任感を周囲に伝え、いかに退路を断ち仕事をするか。

それとも、やるべきことにも関わらず「責任はとれません」という言いわけを自分に並べ立てて仕事をするか。

あなたは、どちらを選びますか？

POINT

その仕事の責任者はどう転んでもあなた。常に問われているのはその決意と責任感だ。

02
結果を出す人は、失敗の主語はいつも自分。
結果を出せない人は、主語はいつも自分以外。

仕事をしていると、思いどおりにいかないことがしばしば起こる。何年やってても、「まさか」は突然やってくる。

でも、実は事前に回避できることもある。

「せっかく月内で決まりそうだった案件が、先方の予定でずれてしまった」

「○○先輩にチェックを頼んだ書類がまだ戻ってこない」

などというような例だ。

予定どおりに自分は仕事を進めているつもりなのに、自分以外の誰かや何かのせいで、思ったとおりにいかない。そのようなとき、あなたはどう考え、行動しているだろうか。

昔、僕が営業マネージャーをしていたころ、こんなことがあった。

僕の部下の、営業マンN君。

まだ入社2年目にも関わらず、知識をしっかりもっており、お客様とすぐに打ち解けられるような、よい営業マンだった。

あるとき、「A社と順調に話が進んでいる」という報告をN君から受けて、僕は彼に聞いた。

「A社さん、契約につながりそうか？」

「はい！　来週15日に面談予定です。そこで意思決定いただけると思います」

「そうか、よろしくな」

その当時営業をしていた商材の特徴上、契約を交わし、入金、そしてサービス提供という流れがあった。その最初の段階をクリアできそうだ、という話だった。

そして、15日。見事N君は契約締結をしてきた。僕は喜んだ。

N君の話によると、入金いただけるのは20日ころとのこと。

そして、20日。経理に確認をするとまだ入金がない。

「N、まだA社さんご入金いただいていないみたいだから、確認して」

「はい！」

N君は早速A社に連絡し、僕に報告をした。

「A社さん、謝られていました。25日までにはご入金いただけるそうです」

それならば、よろしく頼む、と僕は言い残しておいた。

25日。経理からの報告にA社の名前はまだなかった。

どうなった?とN君に確認すると、「月末までに」と先ほど言われた、とのこと。

そして月末。やはり入金はない。

「どうなっているんだ!」

ほかの社員もいる前で僕がN君に問い正すと、彼はこう言った。

「何度も私は入金のご依頼をしたのですが。ただ何度言っても、なかなか先方が動いてくれないんですよね……」


このようなことは往々にしてあることだ。

でも、ここで結果を出す人と出さない人の差が出る。

「相手だけが100%悪いということは絶対にない」からだ。


なぜか。

そもそも仕事というのは「お客様（社内の人相手の業務であれば、それも含む）の課題解決をする」こと。

このN君の場合であれば、まず僕達が売っていた商材で解決できそうな課題を、A社は抱えていたということになる。

しかし、入金してもらわないことにはその問題解決はできなくなってしまう。

さらに言えば、合意をしたのにも関わらず入金ができない、というのには何かまた新たな「課題」が出てきた可能性がある。

僕がN君に「どうなっているんだ」と叱ったのは、その「お客様の課題」をちゃんと知り解決しようという姿勢が見られなかったからだ。

ただ「相手がやってくれない」というだけではなく、「なぜ、やろうとしないのか？」「何か社内で問題があったのではないか？」「その結果A社の課題が解決できないのであれば、何か私達から解決策を示すことはできないのか？」という思考回路をもち、お客様にしっかりと確認すべきだった。

どんな状況であれ「しょうがない」で終わらせてしまっては、「課題解決」に向かうこ

とは未来永劫ない。

そして一番大切なことは、**人のせいにしていても決して解決には向かわないということ。**

何か失敗やうまくいかないことがあったとき、常に「その状態を招いているのは、どんな課題が原因なのか」「それは自分にとって本当に解決できないことなのか」を考える必要がある。

いつまでも「人のせい」にしている限り、自分で行動できる範囲も解決できることも増えず、絶対に成長はしない。

営業職に限らず、これはすべてのことに共通して言える。

たとえばこんな具合だ。

約束の時間に遅れそうになり、急いで向かおうと飛び乗ったタクシーが渋滞に巻き込まれたときに、「渋滞のせいで……」「なんでこのタクシーはこんな道選んだんだよ……」なんてイライラしている人。

本当に全部そのせいだろうか？　もっと早く、時間に余裕をもって行動するような習慣が身についてたら、そんなイライラは必要なかったかもしれない。

上司から依頼された資料作成の仕事、忙しいなかでとても短い納期を指定されたから、やっぱりできあがらなかった。それなのに叱責をくらったときに、『いやいや……　こんな量をそんな短期間でやれなんてほうがそもそも無理なんだよ』と心のなかでぼやいている人。

その言葉、上司からの指示を受けたときに相談できないものだろうか？

どれくらいの時間がかかるかを一度考えて、自分も急ぎの仕事があるのであれば、上司に相談してから業務をスタートさせていれば、問題解決できたと考えられないだろうか？

人のせいにしても、ただ時間が過ぎるだけ。

「タクシーが〜」「上司が〜」と、主語を他人にして仕事をしていると、いつまで経っても人に振り回されっぱなし。結果が出るのも「他人しだい」の人生になってしまう。

そして先ほど出てきたN君。僕に叱られた翌日、きちんとお客様のところに話を聞きにいった。

すると、実はお客様の会社では、ほかの大問題が起きていたとのこと。

「いまはそれどころじゃない」という判断をし、N君は僕にこう報告をしてきた。

『A社の○○社長はいま、～な状況でたいへんらしいんです。

ただ、今回契約いただいたサービスは、今後必ず役に立つから活用したいとのこと。実際に、いますぐは難しいですが僕もそう思います。

2カ月ほど、入金お待ちしましょうか？　という提案をしたら、たいへん喜んでいただいたので、そうしたいのですが、よろしいでしょうか？』

僕はもちろん、OKを出した。

そして2カ月後。

「待たせてすまなかったね。おかげで助かったよ、ありがとう。これから頼むよ！」という言葉付きで入金があり、そのあとお付き合いが続いた。さらに、N君が部署異動をしたあとにも、その社長からは絶大な信頼を寄せられ、いまだに懇意にしていただいているという。

きっとその社長は、「たいへんなときに気もちをくんでくれた営業マン」として、N君のことを見ているんだろうなと思う。

常に主語は自分。

「**私が、こうしていないから、結果が出ていない。だから、私は～します**」と言い、考え、行動する人こそ、自分の仕事や人生に責任をもち、さらに人から信頼される人となる。

そしてその行動こそが、必ず結果につながるものなんだ。

POINT

「私が」という主語で話し始めると解決の糸口が見つかる。「○○が」と他人を主語にして話し始めると、永遠に解決の糸口は見えてこない。

03

結果を出す人は、事実を話す。
結果を出せない人は、主観を話す。

先日、僕は研修講師の仕事を終えて、研修中、電源を切っていた携帯電話を確認した。

すると、僕の会社の社員であるＴ君から留守番電話が入っていた。

内容は、今日Ｔ君が面談に行ったＩＴ企業Ｙ社様との面談結果の報告。

そしてその内容はこんな感じだった。

「お疲れ様です、Ｔです。いまＹ社との面談終了しました。先方としてはうちの研修に出したいみたいなんですけど、日程が合わないから来月以降の研修日程をうちが決めたら連絡することになりました」

これを聞いてあなたはどう思うだろう？

つい、よい報告をしたがるのが人間なんだなぁ、と僕はつくづく思う。
恋愛にたとえるならば、気になる異性がいて、相手の言動を自分なりに前向きに解釈す

るのと同じ。

「今回のデートの誘いは都合がつかなかったけど、〝また今度〟って言ってくれたし、返事が来るのも早かったし、メールには絵文字も使ってくれたし……」と、勝手に盛り上がっている〝あれ〟だ。

でも客観的に見直すと「デートの誘いを断わられて、次回の日程の提示はされていない」という事実しかない。

だから、その恋愛がうまくいかないとものすごくヘコむことになる。

そもそも、ふられることを恐れて、友達以上恋人未満の状態になんとなく安心感を抱いていただけで、確かめていないんだから。

「うまくいく」イメージをもつことは大切だ。

ただ、その過程で起こっている事実に勝手に自分の主観（感情）を混ぜて考えてしまうと、うまくいかないときに「何で？」って感情が起こって、よけいにヘコんでしまう。


人は弱い。だから自分を正当化したがることを忘れてはいけない。

仕事においても同じことだ。

ついつい人は主観と事実を分けられず、感じたことを一生懸命感報告したがる。しかも感情的に「よい部分」を人に伝えたがる。

先ほどのケースの場合の事実は

① 結局、具体的な研修スケジュールを決めるほどにはステップアップしなかったということ

② なぜいまは難しいのか、その理由が明確にできなかったということだけであり、あとは全部主観だ。

このケースの「報告」に欠けている、T君が報告すべき「事実」は次になる。

「なぜいますぐは無理なのか、その理由」

次の日程で本当に申し込みをするならば、その場で日程の確認や調整をすればよいだけ。たとえば「では来月の○日あたりではいかがですか？」という具合だ。

あいまいにしている以上は、具体的に進める意思があるのか、ないのか、本当のところ

わかっていないのと同じ。実際には、お客様にはほかにハードル（＝懸念点）があるかもしれないので、そのハードルとなることを確認し、それを報告するべき。

その報告ができない理由はたった一つ。「肝心なことをお客様に聞けていないから」だ。目の前にいるお客様から嫌われるんじゃないかと思って、ついよいところにだけ目を向け、肝心なところに踏み込めていない。

じゃあ、どうやったら「肝心なこと」が聞けるようになるか？

これは、「準備」と質問する「勇気」が必要だ。

人は、素直な質問には意外にちゃんと答えてくれるものだ。

そして、報告のしかたについても、いま一度考えよう。

事実に加えて、これから行おうと思っている具体的な行動と、アクション納期まで伝えると、上司の期待に応えられるだろう。

たとえばこのT君の場合だったら、次のように言ってくれれば、よい報告だといえるだろう。

「お疲れ様です、Tです。
いまY社との面談が終了しました。今月はほかの技術系の研修が入ってしまっていて、うちの研修をやるような時間はとれないとのこと。
ただし、うちの研修にはたいへん興味をもっていただき、来月の○日か×日ころに実施したい、とおっしゃってました。金額しだいですが、参加者も集め実施できるとのことです。
講師は丸茂さんにお願いしたいのですが、先方は金額面について少しお悩みのようだったので、日程と金額面に関して、あとで相談のお時間をいただけませんか？
○時ころ、また改めて電話します」

報告するときには、一度自分が上司に言おうとすることを確認してみよう。

よい報告だけしようとしてないか？

お客様の状態を「正しく」「事実だけ」報告できているか？

そうしないと、いつまでも自分の問題点（＝成長点だ！）に気付くことができず、ただ自分を守り傷つかずに終わらせようとする人間になる。

ちなみにT君は、いまこの「報告のしかた」の改善を必死になってやっている。

僕の会社のマネージャーに、いつもいつもやり直しをさせられながら。

たいへんそうだけれど、徐々に面談でも「肝心なことを聞けるように」なっているのが感じられるので、これからの成果をとても楽しみにしているところだ！

POINT

前向きな報告よりも、事実がよくわかる報告。自分を正当化していないか？と常に自分の弱さと向き合い、事実を語ろう。

04

結果を出す人は、モチベーションのせいにしない。
結果を出せない人は、モチベーションのせいにする。

人材派遣会社の営業マンだった20代前半。

僕は、20歳から社会に出て、23歳から大手人材派遣会社の営業職として働き始めた。しかし、営業はまったくの未経験。

どうやって結果を出すのか、具体的に想像もつかなかったから、僕は人の倍働くぞ！と決めて、まずは行動量を2倍にして、一日を人の倍過ごそうとした。

会社から、新規企業への飛び込みは一日30件と言われていたから、その倍の60件を自分に課した。

多いときには一日100件を1週間続けた週もあった。

それでどんな結果を出したか？

なんと入社2カ月で全国で新規営業2位になった。

誰が驚いたかって、誰よりも僕が一番びっくりした。

絶対やるぞ！と、必死で行動していたけど、まさか2位になれるなんて思ってなかった。


しかし、それと同時に「なぜ？」とも思った。

「ほとんど経験も知識もない自分が2位に……　じゃあ、みんな何をしているんだろう？」


そう思っていた矢先、外回りを始めた午前中に、先輩社員から携帯に電話が入った。

「マック集合」（マクドナルド集合）

僕は当時、営業中に喫茶店でミーティングすることに、ちょっと憧れがあった。

外でバリバリと営業して稼ぐビジネスマンが、会社に戻る時間がないなか、スーツで喫茶店に集まり、お客様や営業方針について議論し、また方々に散っていく……。

なんというか、「これぞ、都会で働くデキる男！」というイメージがあった。

だから、とても楽しみにしてお店に向かったのを覚えている。


でも、行ってみると僕の想像とは、まったく違った。

外回りに出て早々、午前中の早い時間なのにも関わらず、そこに緊張感はまったくない。

先輩達は目が死んでる。というか、少なからず仕事に燃えてない。

「昨日彼氏とけんかして、もう仕事どころじゃなくて……」

「わかるわかる。俺も何かやる気なくって」

話している内容といえば、お客様や営業どころではなく、仕事以外のことばかり。

この様子を見たとき、僕はわかってしまった。

自分が、営業成績で全国2位になった理由が。


要するに、みな会社に言われたことすらやっていないし、できないんだ。

そしてできない理由を、「上司が、先輩が、お客さんが、両親が、友達が……」と、「自分ではもうどうしようもないことのせい」にして、モチベーションを下げている。

そして〝しかたがない〟と自分を守る。


もし、行動してもうまくいかず、結果が出なくても、いつも結果を出す人はモチベーションの低下を理由にしない。

最近「折れない心」とか「モチベーションの保ち方」とか、いろんな切り口で語られているけれど、僕はモチベーションとは下がるものだし、心は折れるものだと思う。

少なからず僕はそうだ。

嫌なことを言われれば腹が立つし、「もうやりたくない！」と思う。

がんばったのに認められなければ、「やる気が出ない」と思う。

何度提案してもダメであれば、「もう無理かな」とも思う。


そもそも何があっても「折れない心」なんて、無理がある。

だから、それはそれ、なんだ。

そのあとに「絶対見返すぞ！　がんばるぞ！　負けないぞ！」なんて思えなくてもいい。

嫌なことを言われたことも、「もうやりたくない」と思ったことも変えられない。

ただし、そのあと何をするかは、自分が決められるはずだ。


モチベーションと仕事でやるべきこととは、まったく別にすればいいということ。

下がるものは下がる。そしていつか絶対に上がる。

僕はいまでも「一日のなかで嫌なことは3回起きるもの。だから3回までは気にしてもしかたない」と心に決めている。

モチベーションなんて目に見えないものに、自分の行動を支配されるなんて、もったいないと思わないか?

POINT

モチベーションがなくても、何でもできる!

モチベーションが下がったときは行動を徹底する!

05

結果を出す人は、結果を出したいと言う。
結果を出せない人は、成長したいと言う。

僕が営業マネージャーを始めた当時、部下になったＦ君。
彼は、とにかく熱くてやる気があって、何でも率先してやりたがるタイプだった。
僕の部下として配属され、初めて二人で面談したとき、彼はこう涙ながらに語ってきた。
「僕、絶対に成長したいんです！」

僕の上司スイッチも完全ＯＮ。

「おう、絶対成長させてやる！」と僕もそのやる気に応じて、ちょっと目頭を押さえたりしながら盛り上がった面談。

「こんなすごいやつが僕の部下なんて……　これはがんばらねば！」

そう強く心に誓った。

しかし。

僕の力不足もあるかもしれないけれど、どうもF君の「やる気」がずれているように感じ始めた1カ月目。

成長意欲は高いし、がんばるオーラも変わらないんだけど、何かがちょっと違う……

そして2カ月目、気付くとF君は2カ月連続未達成で、結果を出せていなかった。


僕はその2カ月の間にとった彼とのコミュニケーションを思い返してみた。

彼はたしかに「成長したい」と言い続けていた。

「僕、これからどんな成長できますかね？」

「僕、この仕事でなら成長できると思うんです」

「僕、このままでちゃんと成長しているんだろうか」


…ん？ なんかこれ違うぞ。

この「違い」、あなたは気付いただろうか。

F君がしたかったことは、「成長する」ことだった。

実は、ここに大きな落とし穴がある。

「成長すること」にこだわっているうちは、成長しない。

「結果を出すこと」で、人は成長するからだ。

たとえばワールドカップ出場を狙うサッカー選手を考えてみてほしい。

必死で戦った結果、敗退。出場ならず。

「結果は出せなかったけど、成長したからよかったです！」

なんて選手がインタビューに笑顔で答えていたら、見ているあなたはどんな気もちになるだろう？　少なくとも、この選手は代表でい続けられないとは思わないか？

しかし、仕事において、特に若いうちはこの誤解をしがちだ。

「成長」という言葉に逃げてはいけない。

そもそも、成長にこだわり続けることは、決して簡単なことじゃない。

多くの大人が成長しよう、なんて本気では思えなくなる。

「まあこれでいいか」とそのうち考え始める。

しかし、結果は常に求められる。

だからこそ、成長よりも結果を求めていたほうが、ずっと成長し続けられるのだ。


ちなみに、冒頭に登場したF君。

「成長じゃなく結果にこだわらせることが大事なんだ！」と気付いてから、僕は一気にマネジメントを変えた。とにかく結果だけを見据えさせるようにしたんだ。

その結果どうなったか？

最初の1カ月は「ここで僕は成長できないと思う……」と悩んでいたけれど、その時期を乗り越えてからは、持ち前のがんばる姿勢であっという間に連続達成記録を更新。

いまは、違う部署でリーダーとして大活躍している。

POINT

結果にこだわろう！

結果にこだわると、あなたは圧倒的に成長する。

2章

結果を出す人の仕事 出せない人の仕事

IT IS EASY TO ESCAPE
FROM HARD PLACE
AT ANY TIME.
BUT IT CANNOT
ESCAPE FROM
YOUR OWN LIFE.

01 結果を出す人は、ルールを自分のために守る。結果を出せない人は、ルールを会社のために守る。

僕が20代のころ所属していた会社では、各部署（チーム）ごとに『ハウスルール』というものを作っていた。

会社の規則（いわゆる就業規則だ）のほかにルールがあるなんて、ちょっと面倒くさいって感じるかもしれない。

僕もそういうタイプだった。

そのとき僕が所属していた営業チームには、本当にたくさんの「ルール」があったからよけいに。

たとえばこんなものだ。

・チームの出社時間は8時30分
・上司へのメール返信は24時間以内
・日報の提出は翌朝9時まで

・5分前行動
・常にトイレはキレイに保つこと。水しぶきが鏡に飛べば必ず備え付けのタオルで拭く

正直、「こんなことまで言われるのかよ！」と思っていたし、なかなかまじめに守ることは面倒だった。

しかし、チームに途中から合流した僕と違って、先にこのチームにいたほかの社員は、率先してこのルールを守っていた。

僕が日報の提出が遅れると、「丸茂、ちゃんと出しとけよ」と声をかけられたりもした。

「みんなまじめだなあ……」なんて辟易としていたのだけど、これには理由があった。

この「ハウスルール」、実はこのチームメンバー全員で作ったものだったらしい。

みなで話し合って、「そのルール＝行動をすれば、理想のチームになれて、目標達成の確率も高まる！」ということを定めていたんだ。

たとえばそのチームはみんな夜遅くまで仕事をしていた。

でも、本当はみんな「朝ちょっと早く来て業務整理をして始められれば、もっとスムーズに仕事ができるんじゃないかな」と思っていた。

それを一人でできればいいんだけれど、なかなか続かない（僕も早起きは苦手だ）。

だからチームの出社時間は8時30分というルールに決めた（もちろんメンバーの総意だ！）。

そのことを知ってから、僕も進んでルールを守ろうと思えるようになった。

だって、チームが目標達成したほうが絶対に気もちがいいし、そのために自分の仕事のしかたがよくなって、何より自分が目標達成できる可能性が高まると思ったから。

ただし……　ここは正直に言おう。

実は僕はこのルールを破ってしまったがために、大失敗をしたことがあったんだ。

元来、時間にルーズだった僕が一番苦手としていたルールが「5分前行動」。

大事なことくらいわかってはいたけど、忙しかったし、準備もままならなくて……

地方のお客様先に特急列車に乗って向かったことがあった。

その地方で名士といわれる超優良企業の経営者との面談だ。事前にニーズがあることはわかっていたし、この受注が決まれば、確実に自分もチームも達成できる！　そんなワクワクした気もちで向かっていた。

乗った電車の時間から計算すると、予定では約束の時間ちょうどにお客様の会社に着く。まあ、駅から走ればちょっと前には着けるかもな、なんて思っていたら、電車がちょっとだけ遅れてしまった。

正直そのときはそれほど問題だとは思えていなかったし、電車が遅れたからしかたがないと思っていた。

でも、そのお客様に言われてしまったんだ。

「東京では5分遅れるのも普通なんだね？　こっちは田舎だから5分とかでも気になっちゃうんだよね」

顔から火が出そうなほど恥ずかしかったし、当然そのあとの仕事はうまくいかなかった。

もちろん、商談は短い時間で切り上げられ、その話は終わり。

悔しい思いで、帰ってどう報告しよう、と悩みながら僕は考えた。
「5分前に行動するなんて、たいしたルールじゃないと思ってた。
でも、僕はいま、その5分で大事な商談をパーにしたんだ。
5分前にお客様のところに行ったら、叱られるだろうか？
5分前に会議の会場で待機していたら、まずいことなのだろうか？
なんでやって損にならないことを、そもそも僕はできなかったんだろう」って。

あなたの会社のルールも、もしかすると、とるに足らないものがあるかもしれない。
でも、そのときに考えてほしいんだ。
「**そのルールを当たり前に守ることで、損することは何か**」ということ。

ルールっていうやつは、「当たり前」のことが多くて、多くの人が見落としがちだ。
でも、それを「当たり前」にできている人はとても強い。
ちなみに僕はそれ以来、「5分前行動」を徹底するようにした。
確かにチームのルールだったけれど、そのチームを離れ、社長職となったいまも、できる限り守っている。

昔は「面倒くさい」と思っていたルールだけど、守ってみると確実にいいことのほうが多い。大切なのは、そのルールを「自分のルール」にできるかどうか。

「会社に言われたから」「上司が言うから」……そんな態度のままでは、いつまで経ってもあなたは「飼い犬」状態だ。

自分ごととしてとらえて、守る。

僕はそれができるようになってから、格段に営業成績が伸びたし、マネージャー職になることができたといまでも思っている。

POINT

ルールは「管理される」ためのものではない。ルールとは、身に付けることで「よい習慣が付く」と、自分のために取り組むもの。

02

結果を出す人は、自ら電話をとる。結果を出せない人は、些細な仕事は人任せにする。

新しい部署に配属されて、仕事を覚える一番の方法は何か？　その答えが、これからの話のなかにある。

僕の部下でNさんという女性社員がいた。

僕達が勤めていたのは、当時東証一部上場の会社だったけれど、苦しい状態に陥り、Nさんはやむなく希望しない職種の会社に出向することになった。これまでまったく関わったことのない、給与計算や社会保険の計算などをおこなう管理業務系の会社だった。

その会社はみなとても忙しく、新入社員にしっかりと一から業務を教える人もいなかった。周りの人は忙しそうで、毎日深夜まで残業。

一方、Nさんは仕事を時々教えてはもらえるが、基本的には説明の少なくてすむ簡単な業務しか任せてもらえず、時間をもてあます毎日だったそうだ。

しかし、ひっきりなしに問い合わせの電話はかかってくる。

さらに、その電話のほとんどは「1週間前に依頼した保険証の住所変更の件、3日でできるって言っていたのにまだ着いてないんですけど、どうなっているんですか⁉」などというような、いわば「クレーム」。

普通であれば、そのような電話は出たくないし、ましてや仕事内容を知らなければ、よけいに「自分は関係ない」と思うところだろう。

でも、Nさんは時間があったことも手伝い、片っ端から電話をとっていった。

クレームであれば謝り、解決できるまで対応する。問い合わせであれば、すぐに誰かに回すのではなく、自分で解決できるよう社内の人に聞いて回る。

そうして、電話のほとんどを対応していった。

その結果、何が起きたか？

たった1カ月で彼女は、ある一つの部署のサブリーダー的な存在にまでなったのだ。

彼女が1カ月で学んだのは、単なる電話対応のしかただけではなかった。

たとえば、「保険証についての問い合わせが入ったら、○○さんに聞く。有給休暇の使い方についてだったら△△さん。でも、有休の残日数などは××さんのほうが詳しい」というように、社内で誰がどんな仕事をしているかということを学んだ。

さらには、度重なる問い合わせに対して、「Aさんが担当している入社書類については、入社時の問い合わせが多い。だったら、採用担当のBさんに説明までお願いしてみよう」というように、仕事がスムーズに進むような解決案も考えることができたのだ。

電話をとると、必ず社内の人に質問することが出てくる。

すると、社内の仕事分担だけでなく、仕事の流れや「全体像」も見えてくるものだ。

このことは、後々必ずあなたを助ける。

どんな問題が起こっても、解決策や相談先が一目瞭然だからだ。

実は、こういった「仕事の全体像」をとらえるには、電話だけでなくさまざまなチャンスが社内には転がっている。

そして、その多くは「ちょっと面倒だな」と思うような仕事のなかに潜んでいる。

たとえば、会議の議事録。

議事録をとっていると、自然と会議の内容が頭に入ってきたり、自分の思考を整理するトレーニングにもなる。そして、誰がどんな発言をするかにとても気を配るから、その内容について会議のどの参加者よりも深く知識を得ることができる。


このように、一見些細に見える仕事にこそ、大きく成長するきっかけは隠れている。

あなたは、このチャンスを自ら投げ出してしまっていないだろうか？

もし、投げ出してしまっているとすれば、いますぐにチャンスを取り戻してほしい。

電話を誰より早くとる。それだけで、チャンスにめぐり合う確率は、格段と高くなるのだから！

POINT

些細なことにこそ、チャンスは隠れている。

些細だと思うことこそ率先してやる！

03
結果を出す人は、自分で目標を決める。
結果を出せない人は、他人が目標を決める。

若手社員の研修をしていると、こんな言葉をもらうことがある。

「僕はお客様の役に立ちたいと思っているんです。顧客第一主義でいきたいんです。でも会社は数値数値ばかりで……　正直この仕事向いてないのかなって思ってるんです」

この言葉を聞いたとき、あなたはどう思うだろう？

「そうなんだ。それはたいへんだね、自分もさあ……」と思っているだろうか？

でも、ここまで読んでいるあなたであれば、

「なんかちょっと、ダメな感じがするなあ……」と違和感を感じるかもしれない（感じてくれていることを祈る！）。

では、その違和感の正体は何か？

実は、このような発言をする人達にはある共通点がある。それは、「自分の目標がない」ということ。

遠い将来の目標もだけど、**「いまの」自分を成長させる、自分で決めた、自分のための、自分による目標設定がない**んだ。

僕が20代のころおこなっていた人材派遣の営業職。

そのころの僕は、まるで知識も経験もなかった。しかし未経験だろうが、会社から数値目標は与えられる。

「知識も経験もないのに会社に言われたことだけをやっていても、きっと成果なんて出ない」。これが昔もいまも変わらない僕の考え方だ。

会社は基本的なことを教えてくれる。でも、それだけでは「新人なりのよい結果」を残すことはできても、「誰もを凌駕する圧倒的な結果」は出すことができない。

だから僕は人の倍の行動をしようと決めて、とにかく行動を徹底した。

一日の新規企業へのテレアポは、先輩が80件なら160件以上。

一日の飛び込み訪問数は、先輩が30件なら60件以上。

営業でお客様と面談するときの質は低かったとしても、それを凌駕する件数を当たるから、当然ながら成果は出た。

逆に、目標が達成できないときにも、僕が徹底的に行動していることを知っている上司から叱られることはなかった。

それでも自分で目標設定したことに対して、達成できなければ、自分に対して「しっかりしろ！」と叱りつけていた。

他人が決めた目標は、他人の評価しか得られない。

でも、自分で決めた目標となれば、自分と他人の評価を得ることができる。

冒頭に出した、「顧客第一主義でいきたいんです。でも会社は数値数値ばかりで……」

という台詞はどうだろう？

自分で自分の目標を設定しているといえるだろうか。

会社からの目標は絶対的なもの。

でも、その目標を達成するために必要なことを、自分で決めずになんとなくやっていては、会社の目標以上に重要な、「あなた自身の成長」は成し遂げられない。

そして、あなたの成長がなければ、「お客様」を大事にはできないんだ。

ただし条件が一つある。

「自分で決める目標」は、自分を高める目標であること。

そしてそもそも会社の期待水準より低い目標を勝手に設定していては意味がない。与えられた目標より高くすべきだ。

だから、常に仕事とは自分との戦いだ。

100メートル競走で100メートルを走ろうとしていては、いい記録は出ない。105メートルあると思って走れ。そんな話を聞いたことがないだろうか。

まさにあれだ。

いま、僕が研修講師として目標設定の話をする際、よく参加者にやってもらうことがある。

手元の紙を丸めてそれを1メートル離れたところに投げてもらう。

そして、次に5メートル離れたところにまた投げてもらう。

1メートルと5メートルではあまり変わらないかもしれないけど、続けたらどちらのほうが肩が強くなるだろう？

仕事もいっしょで、目標が高いほうが、その分行動量が増え、その行動は自分の力となって返ってくる。

そう信じて行動するためには、自分で考えた、自らを高めるための目標を課すことが必要なんだ。会社から提示された目標に留まらない、それを最低限とした目標が。

POINT

会社の目標に己の器を合わせるな。自分を高める圧倒的な目標を常にもとう。

04

結果を出す人は、「いま」決める。
結果を出せない人は、「今後」やる。

この本を手にとり、ここまで読み進めてくれたあなたは、おそらく意欲もあり、「結果を出したい」と思っている人なのだろう。
きっと、そんなあなたには今後もいろいろな仕事が降りかかってくる。
いろんな人の指導や意見をもらいながら、時には「やりたいけどやれないこと」でいっぱいになることもあるだろう。

「やりたい。とはいっても時間がない……」

あなたはそういうとき、どう行動するだろうか？

僕の周りにも、そういう状態になる人達がいた。

そういう人達の行動は2パターンだ。

「いま、決める」か「今後、やる」か。

どういうことか？

実はここでいう「いま、決める」とは、何もいますぐにとりかかるということではない。

つまり、いますぐできなくても、**やるべきときに「必ず」実施できる状態をあらかじめ作っておく**ことが大切なんだ。

「いつ〝やるか〟を決める」ということだ。

僕の昔の同僚でRさんという女性がいた。

Rさんは、セミナーに顔を出したり参考となるような情報をよく調べたりしていた。さらには、それを気前よく周囲にも情報提供していたから、反対に周りの人も気前よく情報をあげていた。

彼女は会社のホームページの改修を担当していたが、SEOやリスティング広告を使い始めたのにも関わらず、あまりうまくヒットしなかった。

セミナーもしょっちゅう参加しているようだし、ほかの人からの実のある情報もどんどん集まってきている。

なのになぜあまりうまくいってないのだろう？　と思っていたら、ある日、彼女への上司からのメールをＣｃで見る機会があって、その理由がわかった気がした（全体をメールのＣｃに入れてやり取りすることが多い会社だった）。

「Ｒさん、毎度のことですが、〝何を〟〝どう〟〝いつまでに〟活かすのか明確にしてくださいね」

彼女は、ほかから来た情報共有メールに、そもそもこう返信していた。

「○○さん、いつも有益な情報をありがとうございます！　今後参考にさせていただきますね！」

返信をすること自体はとても大切だが、彼女はそのあと「本当に参考に」することができていなかったのだ。

「いい情報を聞いた！」で終わってしまい、「その情報の何を、どう、いつまでに活かすのか」というところまで、具体的に考えることがなかったのだろう。

そのときその情報をすぐに活かすことはできなくても、お礼のメールだけ返して終わってしまっては確実に「忘れる確率」のほうが高い。

だから、「今後」有益な使えそうな情報をもらったり、今後やるべきことが出てきたら、然るべき時期に「確実に」実行できるように、「いつ実行するか」を「いま、決める」ことが大切なんだ。

そのことを実行する日を決めて、スケジュールに落とす。

そうすれば確実に思い出すことができる。

思い出すことができれば、そのとき着手できなくても、また違う時期にリスケジューリングをすればいいだけだ。

さらに実行に移したら有益な情報や指導をくれた人にお礼を言うことでも、あなたに対する評価は上がり、もっと有益な情報をもらえることとなるだろう。

「今後、参考にさせていただきます」「検討いたします」「勘案いたします」……。

そんな決まり文句的なメールを打ちそうになったら、送信の前に一度あなたのスケジュール帳を開いてほしい。

それをいつ、どのように参考にするのか、イメージはできているだろうか？

「行動する」ことでしか、結果にはつながらない。

得た知識や、やりたいと思っているままのことがあれば、まず「いつやるか」を決め、実践すべくスケジュール帳に具体的に落とし込むことを癖にしてみよう。

人の記憶は、20分後には42％を忘れ、一日後には74％を忘れると言われている。

「いつ、やるか」を決めることができれば、それだけであなたは「人の話を真摯に受けとめ、やりたいことも、やるべきことも、すべて着実に実行するすごいヤツ」になれるんだなんて、おいしい話じゃないか？

POINT

いま、やる。
いま、は無理であれば、いつやるかをいま、決める！

05

結果を出す人は、仕事の指示に対して自ら納期を確認する。
結果を出せない人は、納期を言われるのを待つ。

たとえば、上司や先輩社員から何か頼まれたとき。
あなたはどのように返事をしているだろう？
「○○さん、こういう資料作っておいてくれない？
うちの商品が一通り載っていて、Ａ４一枚で簡単にわかるようなものでいいんだけど」

「はい、わかりました！」

これでは１００点満点中10点の返事。
ちなみに10点は「元気に返事した」の10点だ。

入社時の研修などでも報連相や、指示の受け方について学んだ人は多いだろう。

しかし、そのなかでも一番大切なのが「納期を決める」ことにある。

「はい、わかりました！　いつまでに作ったらいいですか？」

これで30点。とりあえず聞くことはできた、ということで20点の加点だ。

まあ、これでも仕事はできる。上司に示された納期までに仕上げて、提出すればいいのだから。

しかし、これではあなたは「結果を出す」人にはなれない。

「言われたことをやるいい人」くらいにはなれるかもしれないけれど。

「はい、わかりました！　明日の18時まででもいいですか？」

この返事ができる人は、自分の時間をよく把握しているほうと言えるだろう。

「今日と明日の午前中は面談や予定が入っているんだよなあ。

だから、着手できるのは明日の午後なら大丈夫。Ａ４で一枚の資料なら、２時間あれば余裕でできるだろうから、ちょっと時間に余裕を見て18時くらいなら確実かな」

そんな気もちでないと納期を示せないから、プラス30点で60点だ。

この返事をすれば、たいがいの上司は「お、こいつしっかりしてるな」と心の奥底では感じてくれるだろう。


おっと。

まだここで60点？　と思った人がいるかもしれない。

実は、大事なのはここからだ。あと40点、何が必要なのか？

それは、この依頼事項を「自分ごと」にすることだ。


確かに頼まれたのは「他人の仕事」だろう。

しかし、依頼された時点で、「自分の仕事としてどこまで責任をもてるか」が、結果を出す人においては重要なのだ。


僕の部下のOさんは、依頼ごとをされると、この60点の返事をすることが多い。

「かしこまりました。では、○日の×時までに仕上げますね」

という具合だ。

しかし、自分の業務に加えてほかの依頼ごともやってくると、彼女の返事は徐々に簡素なものになってくる。

「かしこまりました。確認しておきます」

10点近くに逆戻りしてしまうこともあるのだ。


でも彼女は100点の返事ができないわけじゃない。

自分が担当し、責任がある業務においては、常に納期を明確にし、進捗を確認するんだ。

上司の僕に対しても、

「丸茂さん、この件○日の×時までお願いします。丸茂さんのご予定だと、この時間が空いているので、ここで確認いただいていいですか？　私からお電話しますので」

という具合だ。

なぜ彼女は納期を確認できるときと、できないときがあるのだろうか？

それがさっき出てきた「自分ごとか他人ごとか」の違いなのだ。

人は、自分が責任感をもっている物事に関しては、人に強く求められるほどに「決断」をして進めることができる。

自分の業務の目的が明確で、やるべきことがすっきりしているから、自然と優先順位もつけられる。だから、明確な納期を切ることができ、他人に依頼もできるのだ。

しかし、他人から頼まれたこととなると、突然、責任を放棄する。

「言われたことだけやろう」という状態になってしまう。

結果を出す人は違う。受けとった仕事に対して、その場で責任を強くもつ。

「はい、わかりました！

ちなみにこの仕事は、部長の進めている××の件で必要だという認識でいいですか？

だとすると、商品一覧もできるだけ写真とか入れてわかりやすいほうがいいですよね？

明日の18時にはできますが、それでよろしいでしょうか？　途中でいったん出来具合を確認してもらったほうがいいと思うのですが、お時間ありますか？」

これが100点の答え。

納期だけではなく、「どのくらいの仕上がりが、何のために必要か」ということもあわせて確認しているということ。

これを聞けば、上司は間違いなく「できるやつだな！」と思うだろうし、また大事なことはあなたに託そう、と思うはず。


自分で考え、自分で納期を切ってみて、上司に相談する。

それが仕事に責任をもつ、ということだ。

たわいもない会話に表れる、仕事一つひとつに対するあなたの責任感。

さあ、あなたは何点の返事をしているだろうか？

POINT

どんな仕事も「自分事」として責任を果たす。その数が多いだけ、あなたの実力は高まる。

06 結果を出す人は、ＴｏＤｏしてから動く。結果を出せない人は、まず動く。

あなたは毎朝、一日でやるべきことを明確にしているだろうか？

僕の部下にＩさんが配属になったときのこと。Ｉさんは温和で人当たりもよく、すぐにメンバーとも仲よくなり、チームにもなじんでいた。言われたことに嫌な顔せず「わかりました！」と返事をして励み、本当にがんばり屋さんだった。
そんなＩさんが入社して半年ほど経ち、変わってしまった。
顔から笑顔が消え、日々の業務に忙殺されて、毎晩の残業。週１回の個別ＭＴＧでは常にボックスティッシュを持参し、「とにかく忙しくて……」「もうどうしていいかわからないんです」と涙ながらに訴える状況だった。

そこである日僕は、Ｉさんに紙とペンを用意してもらった。

そして「この紙にいま担当している業務をすべて書き出してください。すべてです」といって箇条書きにしてどんどん書かせた。もちろん、Iさんの業務の細かいところでは僕がわからないものもある。それでも全部書いてもらった。

書いてもらったもののうち、

①やらなくてもよいものはないか？

②ほかの人に依頼できる業務はないか？

を一つひとつ、いっしょに考えて決めていった。

そして、①は二本線で消した。

②は誰に依頼するのかを決め、その場でIさんに依頼したい人に電話をしてもらった。

そして、①②以外で残った業務については、その場でスケジュール帳に記入させた。しかも、「Aの業務は、○日に×時間かける」というように納期とかかる時間付きで。

その結果どうなったと思うだろう？

Iさんは「すごくやるべきことが明確になりました。毎朝必ずやることを落としこんでからスタートします！」と晴れ渡った表情で帰っていった。

それからは自分がやるべき業務を必ずＴｏＤｏし、①②＋それ以外の業務、という視点で予定表に落としてから業務に取りかかるようになった。

そうすることで、むだな業務や自分がやらなくていい業務を事前に外すことができるようになり、彼女の笑顔はよみがえった。

Ｉさんはよくいう「断れない性格」だった。それは事実だけど、それ以上に自分の時間の使い方を考えてこなかったから、断る断らないの選択肢ができなかったんだ。

僕は、若手の研修やセミナーをしていると、毎日ただただ忙しく過ごしている人をよく見かける。そのような人達はもしかすると「忙しい＝自分は働いている！」という幻想を見てはいないだろうか？

結果を出すには、限られた時間のなかでどれだけ優先事項を実行できるのかがキモだ。

この優先事項を検討する上で大切な行動が「出社後朝の５分間で今日やることリストを作成する」こと。

前日の夜に用意していたとしても、必ず朝見直すことが大切だ。なぜなら

①朝、今日やることを見直して気もちを引き締め、やる気を出すため

②朝の時点で修正事項がないか再度見直して、抜け漏れを減らすため

そして最後に、**予定は必ず崩れる**ことも知っておこう。

多くの場合他者（上司や同僚、お客様）によって予定は乱れるものだ。急な業務の依頼やお客様からの電話。それに自分の業務能力や体調、気もちの問題でも崩れる。

だからスケジュールに僕は必ずディフェンスタイムというのを設けている。

要するに、予定どおりいかないときのために、予備の時間を前もってとっておくんだ。

そうすれば、予定が乱れても修正が利くようになる。

僕の場合は30分単位で一日のなかに2～3回予定表に入れている。参考にしてほしい。

ただ忙しいだけの日常から脱出しよう。

POINT

ToDoとは、単なるやるべきことリストではない。限られた時間を使い、どのように結果を出すかを決める。日々の選択のことだ。

07

結果を出す人は、忙しさのなかで時間の使い方を学ぶ。
結果を出せない人は、忙しいと会社の奴隷になる。

どんなにうまくスケジューリングしても、やはり「忙しい」ことはある。入社してからの3年間は、特にそうだと思う。

そのときに考えてほしいのが、仕事が忙しいとき、その状況に対してどんな「感情」をもっているかということ。

その答えいかんで、その人が「結果を出せる人なのか、出せない人なのか」がわかるものだ。

僕の会社で働く営業部のH君は、26歳のとき突如「会社を辞めたい」と言ってきた。

いや、正確にいうと周りの社員、後輩にそう言っていた。

「知り合いの社長から『手伝ってほしい』と言われている。

自分もこの会社でいろいろと勉強にはなったが、忙しい割に給料も思ったようにはもらえないし、忙しいことに対して恋人も不満を言っている。

次の会社ではとりあえず給与はいまよりももらえるという話だし、その会社で働いている社員を見ていても、いまよりも自分の時間をもてそうだ。自分の将来を考えると誘いに乗ろうかと思っている」

そんな話をしていたそうだ。


僕はH君と話す時間をとった。

「このままでは彼にも会社にもよくない」と思ったからだ。半ば強制的に彼の「思っていること」を聞くことにした。


転職が悪いということではもちろんない。

でも僕は、このときのH君が抱いていた「感情」にこそ問題があると考えた。

彼は、全部「会社のせい」にしてしまっていた。

「給料も思ったようにはもらえない」

＝「自分はがんばっているのにも関わらず、給料が安いのは会社のせい」

「忙しいことに対して恋人も不満も言っている」
＝「恋人が不満をもっているのは、会社の働かせ方のせい」
「いまよりも自分の時間をもてそう」
＝「忙しいのは、たくさんの仕事を押し付ける会社のせい」

さらに、先述のような発言を後輩にするような毎日だったから、もちろん本人のやる気は低く、後輩のやる気まで下げるような状態だった。

当時、彼が会社とコミット（約束）した金額は、月200万円の売上。

しかし結果は17万円。さらには4カ月連続未達成という状況だった。


僕はH君を引き止めた。

真剣に話し合いをし、本当に彼が抱えている問題は何なのか、徹底的に考えさせ、彼の課題を容赦なく突きつけた。

「すべて会社のせい」にして、「自ら会社の奴隷」となっている現実を、ありのまま彼に伝えたのだ。

そして3カ月後。

H君の売上成績は、コミット目標の2・5倍となり、部署内でダントツトップの成績をとり続けるようになった。

彼が、自分の人生を歩み始めたからだ。

「自分はがんばっているのにも関わらず、給料が安いのは会社のせい」

↓ 給料を上げたいなら自分自身の売上や所属する部門の売上を伸ばし、結果会社を成長させればいい

「恋人が不満をもっているのは、会社の働かせ方のせい」

↓ 会社に対する言いわけとして恋人の名前を挙げるのではなく、誠実に彼女に自分が向き合っていないことが問題

「忙しいのは、たくさんの仕事を押し付ける会社のせい」

↓ 自分の仕事のしかたしだいで時間はコントロールできるし、成果も出せる

つまり彼は、**自分のもっている不満は「自分で解決できる」ということを知り、行動し**

た結果として、成果を出した。

成果も出たからやる気も増し、そのやる気が後輩や周囲にも伝播して、いまではしっかりと後輩を支えるリーダーとして活躍している。

ここで重要なのは「自分で解決できる」ということを知った彼が、「何をどう変えたのか？」ということ。

彼が変えたのは「**仕事のしかたと自分の時間の使い方**」だ。

彼の忙しさは、僕と話す前もあとも変わらない。むしろ、いまでは顧客が増えて忙しくなっているほどだ。

ただ一つ、僕が話をした直後に彼に与えたものがあった。

それは、いままでの仕事量をさらに上回る「仕事」。

それまで既存先を中心に営業をしていた彼に、新規先への訪問目標数を課した。

僕を含め、上司からもらった指導内容をすべて議事録として書き起こすことを課した。

そのほかにも、いくつかの目標を課し、圧倒的に「忙しい」状態をあえて作り上げた。

最初、彼は「やらなきゃいけない」と思っていたことだろう（実際不服そうだった）。しかし、彼はその「忙しくあり続ける」体験をしたことで、「忙しくて忙しくてどうにもならない。こんなに忙しいままでいいのだろうか。もっと有意義な過ごし方があるのではないか」ということに向き合った。

そこでいままで自分が無駄にしていた時間に気付き、自らの時間の使い方を変えることができたんだ。

たとえば、僕達の会社では、お客様との面談にうかがう前に、必ず「面談設計」というものをおこなう。

お客様がどのような会社や状態で、どういう悩みをもっていて、どのように解決提案をおこなえばお役に立てるのか、その「仮説」を立て、面談のストーリーを準備してから上司に確認と指導を受け、お客様のところにうかがうためのものだ。

その「面談設計」は確かに時間がかかる。H君の場合も、30分以上かけて作っていた。

しかし、もう入社3年目となるH君。ある程度、経験も知識も備わってきたのに同じ時間をかける必要はないはず。

そのことを彼に伝え、「15分で作る」というルールを設けることにした。

ただ漠然と時間を使うのでなく、「使える時間」を明確にしたんだ。


また、彼は恋人がなぜ不満に思っているかを考えた。

「忙しい」「疲れた」といって、帰宅後や休日もダラダラと過ごしたりしていて、彼女のことを思い何かを「してあげる」ことや、会話を楽しむようなことが減っていること、その結果彼からの愛情を感じられていないだろうこと……

そんなことが要因だと、彼は気付いた。

そこで、小さな気配りを実践するようになった。
・手料理においしかったよ、ありがとうと言う
・給料日には必ず、何か小さなプレゼントをする（ハンカチ、本、ケーキ等）
彼の忙しさは変わらないものの、恋人との喧嘩は減り、以前よりも格段にいい関係が築けたということだ。

「忙しい！」と感じたときには、自分の感情と一度向き合ってみることが必要だ。

「忙しい」のは、「すべて会社のせい」？
それとも「あなたのせい」？

忙しいことがすべて会社のせいだと思っているのであれば、そのときすでにあなたは「会社の奴隷」に自ら進んでなり、結果読んで字の如く「心を亡くして」いる可能性がある。

本当に大事なものを大事にする時間の使い方は、自分で決められる。

結果を出す人は、これでもか！という忙しさのなかでこそ、真に有意義な時間の使い方を見付け出せるものだ。

POINT

忙しさが問題なんじゃない。
忙しさが他人によってもたらされているものととらえる心が問題なんだ。

08 結果を出す人は、行動にこだわる。結果を出せない人は、計画にこだわる。

仕事で「初めてのこと」をおこなうとき、多かれ少なかれ人は「怖い」と不安を感じる。

もちろん、新しいことが大好きでどんどん飛び込んでいける人は別だ。でも「失敗したらどうしよう」と不安になったり、仕事をすればするほど失敗の経験値も上がって「前もうまくいかなかったしな」などと、前に進めなくなるのが人だと思う。

「怖がってすぐに行動しない」人には、一般的にいう「頭のよい人」が多い。

「怖がる」とはどういうことか？

行動として見えるのは、「とにかく考える時間・計画を立てる時間が長い」ということ。

もちろん、本人に怖がっているという認識はない。

しかし、結果として「行動する前に考える」時間を長くすることで、行動を先延ばしにして避けていることに違いないんだ。

たとえば、こんなことがあった。

僕が人材派遣会社で支店長として働いていたとき、一日の大まかな流れが決まっていた。朝一番にミーティングをして、そのあと営業活動をスタートし、夕方に戻ってきて一日の報告をする。つまりそれは午前には「今日一日の営業活動を決めている」ということ。

ある朝のミーティングで、その日の日経の記事に載っていた、とある大手企業の事業拡大のことが話題に挙がった。

「〇〇グループ事業拡大に伴い　大規模採用」

その企業は僕達の担当エリアにあり、当時東京23区内でも、大企業が少ないエリアを担当していた僕達の支店では、自社のサービスを使ってもらい売上を一気に上げる大チャンスだった。

僕は、営業ウーマンのKさんに指示を出した。

「この企業の人事部宛に連絡して、うちでも何か役に立てることはないか聞いてみて」

しかし、午後一番に彼女は電話をしなかった。

彼女は何をしていたか？　「考えて」いた。

「いきなり電話してもしかたがないから、何を話すか決めてからかけよう。

いや、でも待てよ。突然電話したら、相手は大企業だしあまりに不躾じゃないかな。

手紙を書いてから、電話したほうがいいかもしれない……」

そんなことをしているうちに別の仕事が発生。

結局、彼女は任されたにも関わらず、すぐに動けず、考えれば考えるだけどうすればいいかわからなくなり、電話をしなかった。

そうしているうちに翌週、会社にその大企業から問い合わせが入ってきた。

「派遣社員を採用したい。お宅から出してくれないか」


さあこのケース、あなたはどうとらえるだろう。

行動せずとも結果が出たからよかったか？

もちろんそうではない。

こうした問い合わせは、当然、担当を名指ししてこない。

僕は、残念ではあったけれどKさんをこの会社の担当にはせず、ほかの社員に任せた。

これが「行動しなかったこと」の結果だ。

Kさんが電話をしたら確実に決まったのかどうか。それは僕にもわからない。

でも、**行動しないことにはそれが「正しかったのかどうか」という検証すらできない。**

有名な刑事ドラマの台詞といっしょだ。

「事件は会議室で起きてるんじゃない。現場で起きてるんだ！」

やってみても答えは出ないかもしれない。

でも、間違っているかどうかは、少なくとも確実にわかる。

何はなくともまず「行動」をすること。計画は大まかでも大丈夫だ。

POINT

行動をすることで、やっと正しいかどうかがわかる。考えて答えの出るものなど、一つもない。

09
結果を出す人は、タイマーを使う。
結果を出せない人は、終わるまでやる。

昔、同じ組織にK君という男性社員がいた。
彼は、誰よりも遅くまで仕事して、帰りはいつも終電というがんばり屋さんだった。
しかし、K君はいつまで経っても仕事の成果が出ない。
朝から晩まで会社にいるのに一向に結果が出ない。
そこで彼が一日のなかで何をしているのかを観察してみることにした。

すると驚いたことに、午後の労働時間のうち、約半分の3時間を企業の情報集めに使い、さらに残りを情報の整理に使い、残った1時間半だけを面談やテレアポなど営業の主活動に使っていた。
そればかりか夜も遅くまで会社にいるので何をしているのかを見ると、一生懸命お客様への企画書を作成していた。夕方18時すぎに僕が見てから、次に見た21時まで。

そこで彼に言ったんだ。「なぜそんなに時間がかかっているんだ？」と。

すると「いや、どうしてよいかわからないので知恵絞っているんです」。

そんな彼がたまに愚痴っている内容は「帰りが遅くて自分の時間がもてない」だった。

あなたやあなたの会社にはこんな人はいないだろうか？

いつもいつも必死でやっているような感じがするのに、進み具合は遅かったり、結果には結びついていないし、「仕事できる人」という感じがしない人。

K君のように「帰りが遅くて自分の時間がもてない」という台詞が出てきたら、そのときは要注意だ。


僕の会社のYさんも、とにかく仕事をダラダラやるタイプの子だった。

本人曰く一生懸命やっているのだが、納期を一切守れないし、リスケジューリングした納期も守れない……

成績は中の中。口を開けば「こんな忙しい会社でずっと働くかと思うと不安で」と言い、相談があると僕のところに来れば「プライベートも、もっと充実させたいんです」と言ってくる。

念のため言っておくが、僕は彼女を拘束してないし、帰りなさいと言ったことはあるが、帰るなと言ったことはない。

そんな彼女だったが、ある時期を境に大幅に納期遅れが減り、そして業績も事業部NO.1の営業ウーマンになった。そしていまも安定して目標達成を続けている。


彼女が変えたことは何か？

そのヒントは「タイマー」だ。


彼女はいま、デスクワーク中、常に机にタイマーを置いている。

そしてやることを決めたら、そのことを何分でやるのかをタイマーにセットして、それからスタートする。

提案書を一つ作るにしても、「まずお客様の情報を整理して、作る内容を決めることに20分。お客様から聞いたことをまとめるページ作成に5分、提案内容とその理由のページに15分」というように、一つひとつの業務を分解し、それぞれに時間設定をする。

それまでの彼女は「今日の午後には提案書を作ろう」という感じで仕事をしていた。そして、午後取り組み始めると、みるみる時間は経ち、未完成のまま夕方にはアポイントメントへ出かける。そして未完成だったからまた夜に仕事をする……

そんな繰り返しだったのだ。


細かな時間設定をすると何が変わるのか？

それは、集中力と工夫だ。

自分でわざと制限時間を課すことで集中力は格段に上がる。

タイマーを設置すると、よけいに追い立てられる気分になり必死にがんばる。

さらに、「短時間で作りたい」という気もちがあるから「工夫」をしようとする。

それまでのYさんは「提案書を作りながら考えていた」。

実はこれだと、前後の整合性がとれなくなりまた一から見直して作り直す……なんていう手間がかかることが多々ある。

最初に「何をどう作るか」ということを明確にして、あとは作るだけにする、という工夫もできるようになったのだ。

つまり、「より集中できる状態」を自ら作り上げたということ。

僕は基本的には、若いときはできるだけ長い時間勉強したほうがよいと思っている。

勉強というのはいわゆる座学だけのことを言っているのではない。

夢中で仕事をすること、上司の話を聞くこと、叱られること、人が嫌がるような仕事を自らやること、それら全部が勉強だ。

体力もあるだろうし、脳が素直に物事を吸収するのも若いうちのほうが圧倒的に有利。

ただ、そのときにただ闇雲にがんばるという姿勢だけじゃ成長がない。

本気で結果を出したいならば、直接成果につながらない時間をいかに減らすかが重要だ。

どの業務がいまの自分にとってもっとも重要で、どこに時間をかけることが結果につながるか？　それを明確にしないままかける時間は、残念ながらむだになってしまう。

これらの業務が何なのかわからない場合もあるだろう。

そういうときは上司やデキる先輩に聞いてみればいい。

「3時間以上かけてアポをとるために、何をするかを考える」ほうが成果が上がるのか？

「3時間お客様先に電話をかけて、次の面談のアポをとる」ほうが成果が上がるのか？

答えは自明のことだろう。

あなたは、どんなことに、どれだけの時間をかけているだろう？

もう一度見直し、「必要だけど時間がかかる」ことがあるのであれば、ぜひともタイマーをセットして始めてみてほしい。

それだけであなたは、短時間で成果を出す、ということを体感できるはずだ！

POINT

可能性は無限。

しかし、時間は有限だ。

時間を成果創出のために使おう！

10

結果を出す人は、携帯電話を利用する。結果を出せない人は、携帯電話に使われる。

とても恥ずかしい話だが、僕のいたコンサルティング会社は一時瀕死の状態にあった。いろいろな理由により、そういう状態になってしまった。

いま振り返るとわかることだけど、会社がうまくいっていたときと、うまくいかなくなったとき、一つ社員の行動が変わったことがあった。

「いつでも携帯電話に出る」ようになったということだ。

携帯電話は社用のもので、いつでもお客様からの電話がかかってくる。

たとえば僕の部下のU君は、いつもひっきりなしに携帯で電話をしていた。

お客様と頻繁にコミュニケーションをとり、信頼されている証だろうと思って、僕もつい見過ごしていた。

しかしふと気付くと彼はよく会議中にいなくなる。

たとえば会議の間の休憩時間。

たった5分の休憩にも関わらず、彼はお客様と電話を始める。

そしてその結果、会議再開時間に遅れる。

「あれ、U君は？」

「いま電話してます」

「……長くなりそうだから始めるか」

そのようなやり取りが会議の冒頭に行われ、U君が不在の状態で会議は進められる。

それだけ密にコミュニケーションをとっているU君の成果はどうか？

……残念ながら成果どころか目標達成もままならない月の連続なのだ。

U君に何が起きているのだろうか？

僕が昔いち営業マンとして所属していた部署では、「会議中に電話はもち込まない」というルールがあった。

ちなみにその部署は全営業部のなかで常に一番の常勝チームだった。

お客様の数もいまのU君の比ではなく、常に誰かの電話が鳴っているような忙しい部署だ。

何が違うんだろうなあ、U君もお客様を大事にしているのになあと思っていたある日。

U君がほかの同期社員といっしょに先輩社員から商品説明のしかたについてアドバイスを受けているとき、またもやお客様からの電話で席を外した。

その間に、先輩社員は大事な営業トークをほかの後輩に説明している。

そしてほかの後輩もどんどん質問をし、先輩社員の知恵を身に付けようとしていた。

その話が一段落したタイミングで、やっとU君は戻ってきた。

「あとで議事録見せてね」

と隣の同期に声をかけてはいたが、彼は絶対的に大事な知恵を取り込みそびれていたのだ。

その様子を見ていて僕は、はっとした。

U君は、お客様を優先するがあまり、自分でいまの自分にとって大事なことを選びとり時間を使う「時間のコントロール」を手放してしまっているということに気付いたのだ。

彼は**お客様を優先しているつもりで、お客様の「言いなり」になっているだけ**。自分で**自分の時間をコントロールせずに、人に委ねてしまっていた**のだ。

確かに、僕が所属していた常勝チームでは、「会議中に電話はもち込まない」というルールにきちんと理由があった。

「いまこの時間、いまこのメンバーで考えること、共有すること、決めること、確認することはとても重要なことだ。とても重要なことをしている時間に、携帯電話の電源を切っておいたり、出ないでおくことは当たり前だろう。

まさかお客様との面談中に電話に出るやつはいないよな?

電車内で堂々と電話で話したりしているやつもいないよな?

会議は社内だからって、電話にいつも応対していたら、いくら時間があっても足りない。マナーを守るのは当たり前のことだ。小さいことを守れなければ、大きいことも守れない。当たり前のことを当たり前にできないのに、大きなことなんか絶対にできないんだ」

当時は当たり前だったことが、いつの間にか、なし崩しになっていった。

どちらが先だったかは定かではないが、気付いたころには、会議はお客様との約束や電話対応で空席が多くなり、会社は傾いていた。

自分で自分をコントロールしている人こそ、信頼を集められる。

信頼できる人の態度は、お客様の目に見えていない行動にこそ表れる。

あなたは、自分の時間をコントロールできているだろうか?

POINT

携帯電話の使い方は、時間の使い方と直結する。そして時間をコントロールしているかどうかとは、あなたの自立が問われている。

11

結果を出す人は、目標達成時に次の目標がある。
結果を出せない人は、目標達成時から次の目標を追う。

書店に行くと「目標設定」や「目標達成」についての本がたくさんある。

どちらもとても大切だし、その二つができないと、そもそも会社は立ちゆかない。

それらについては、ほかの章での話やあなたの上司にお願いするとして、いまは「目標設定をする時期」についてお伝えしよう。

時期？と思う人もいるかもしれない。

実は目標の設定内容自体よりも「目標を立てる時期」がとても重要なんだ。

営業パーソンで「月によって浮き沈みがある」人を多く見かける。

昔の僕もそうだったし、うちの社員にもいた。

常に「今月の数字はどうか」に視線が行き、とてもよい結果を出した次の月はだいたいの場合、未達成。

そしてもう一度がんばり、その翌月は達成するが、その次はまた……の繰り返し。


何が問題だったのだろう？

それは、いまだからわかる。**「常に目標がある状態」**になっていなかったからだ。


まず前提として人は「飽きる・忘れる・楽したがる」生き物だ。

ともすれば、行動しなくていい理由を探し、楽なほうへ行きたがる。


多分にもれず、僕にもそういう時期があった。

特に顕著だったのが、僕が営業をやり始めたころ。

年末が決算だったその会社では、1月から新しい期が始まった。

もちろん、その前の12月の末までは決算前ということで猛烈な営業活動をしていたから、目標は大幅に達成していた。

そして1月、会社の方針が決まり、部署間の調整があり、現場レベルの目標数値まで落ちてくるのには15日間くらいのブランクがあった。

その間僕は「まだ目標が決まってないから、とりあえず目先のお客様対応をしておこう」という思考になってしまっていたのだ。


当然のように、その1月、僕は未達成だった。

もっと正直にいうと、1月が終わったあと、目標の未達成を上司に叱責されながら僕は「どうせ同じような数値目標なら、もっと早く言ってくれればよかったのに」と思っていた。


でも、よくよく考えてみると僕の思ったことはおかしい。

期が変わったり、月が変わったところで、僕の仕事が大きく変わることはほとんどないんだから。

それまで毎月月初に言い渡されていた目標数値にも、大きなブレはなかったし、そもそも僕が「営業職」で「達成すべき目標がある」ということは変わるはずもなかった。

目標を言い渡されなかったからといって、僕が「活動をしない」理由はなかったんだ。

その1月の未達成から僕は行動を変えた。

「自分で次の目標を早めに設定しておく」ことにした。

できれば月末の2週間前、遅くとも5日前には必ず次月の目標を定めておくのだ。

決めておくと二つ効用がある。

一つは、「今月の結果に一喜一憂している暇がなくなる」ということ。

もう一つは、「いつどんなときでもやるべきことが明確になる」ということ。

「結果」というのは、一過性のものであってはならない。

つまり、たった1カ月や1週間出せばいいものではない、ということ。

安定した成績を出せる人材になることこそが、本当の意味での「結果」だ。

そしてこれは、さして難しいことではない。

たとえば、学生時代の部活の経験などを思い出してみてほしい。

結果を出しているチームや人は、試合の翌日に何をしていただろうか？

優勝したからといって、遊びふけっていただろうか？

普段どおりの練習をしてはいなかっただろうか?

2012年の箱根駅伝で優勝した東洋大学のチームは、前年の箱根駅伝で早稲田大学に21秒差で負けて優勝を逃した経験から、大会の翌日には練習を開始していたという。

彼らには常に「箱根駅伝で優勝する」という目標があった。

だからこそ、一日もむだにすることなく次の日から練習を開始し、大会新記録で優勝という結果を出せたのではないだろうか。

誰かに言われて目標を考えるのではなく、「常に自ら次の目標をもち続けること」。

これは、仕事と言えど同じ。

常に次の目標に向かって進むからこそ、結果を出し続ける人になれる。

POINT

結果は一回出して終わりじゃない。出し続けるためには、常に自ら〝次〟の目標を明確にし走り続けよう。

12

結果を出す人は、顧客の評価を求める。
結果を出せない人は、上司の評価を求める。

僕が20代のころ、入社4年目のHさんという先輩社員がいた。

彼は仕事を一生懸命やるタイプではあるけれど、ある条件付きだった。

それは自分が営業成績を残すためだけの仕事、要するに「上司から評価をもらえる仕事」という条件。

彼は、これは上司が評価する仕事、これは上司が評価しない仕事と決めて、評価されない仕事（地味でかつ時間がかかり、その上誰にも感謝されないこと）については、びっくりするほどやらなかった。

たとえば会議のための会議室予約や会議中の議事録係、終了後の机の整理整頓。

営業のためのダイレクトメールや手紙文作成作業、会社にかかってくる電話対応等々。

とにかく上司が評価しない仕事はやらない。

営業職だった彼はアポをとることだけはしていた。契約に至らない先のアポを。

そして残念ながら上司もバカだったから「かわいい部下」と判断してしまっていた。

そして、彼は入社4年で上司からどんどん評価され、昇進していった。


この本を読んでいるあなたは「4年目で昇進するっていう結果を出せているのだから、そうした要領のよさも大事なのでは？」と、Hさんの仕事のしかたをうらやましく思うかもしれない。

しかし、これでは、長い人生、通用しない。なぜこれではダメなのか？


そのあとHさんはどんどん昇進した。部下もできた。

しかし、彼の同僚や後輩、部下は彼を慕わない。

だってうまいのは立ち回りだけだから。

「成果を出す」という本当の仕事に対して、実力があるわけではない。僕を含め、周囲の人間は、そのように出世した彼のことを羨ましくは思っても、決して「彼のようなビジネスマンになりたい」とは思わなかった。

どんどん周りは彼や会社に愛想をつかして辞めていく。

特に、彼の直属の部下が辞めていた。辞めない部下は彼と似たような人間ばかり。

要領よく上の人に認められることだけがうまく、「仕事」をしない人達だった。

優秀な同僚すらやめていくのだから、彼に物を言う人はどんどんいなくなる。

どんどん役職だけは上がっていき、いま、彼はある会社の幹部だが、会社は泥舟の状態だ。

こうなった理由は明確だ。

彼は入社4年で結果を出すための力を手にしたのではなく、評価をされるための立ち回り方を手にしたからだ。


一方、Hさんと同じ営業部で働くAさんという人がいた。

彼は入社4年目にして当時200人近くいた営業マンのなかで3年連続トップになるような敏腕営業マンだった。

僕は、近くで先ほどのHさんを見ていたので、「きっとAさんも、普段から人当たりも調子もいいから、同じようにうまいこと言って売ってるんだろうなあー」と思っていた。

そんななか、Aさんと机を並べて仕事をする機会があった。

僕は「よぉし、この機会に適当にやっているところを見付けて、悪事を暴いてやる！」などと妙な正義感を起こして彼の仕事のしかたを盗み見たり、わざと尋ねたりしていた。

でも、変だった。

一つもやましいことが出てこない。

やましいどころか彼こそ本当に正義感の塊で、「顧客にとってそんなことするのはおかしいですよ！」と平気で上司に進言する始末。

Aさんは、「顧客のため」と思えば、平気で上司には噛み付くし、誰も見ていないような小さなことも必死でやる。別に上司の評価などどうでもよかったのだろう。

Aさんが集中していたことはただ一つ。「営業成績」だった。

「上司に評価されることではなく、顧客にも喜ばれ、会社の利益にもなる活動こそが、自分が評価される『結果』であるべきだ」と、あるとき僕に語ってくれた。

だからこそ彼は「上司の評価などどうでもいい」と語る反面、営業成績を上げることで、上司に認められる努力をした。

自分のためにも、会社のためにも、顧客のためにも、自分の活動こそが正当に評価されるべきだ、という思いが強かったのだろう。

だからAさんは、営業成績を落とすことがなかった。

これで数値を落としたら、正しいことを本当に正しいと言えなくなってしまうから。

Aさんは顧客に愛され、結果を残し、その結果上司（会社）に正当な評価を受け、しっかりと昇進していった。


ちなみに、Aさんは現在独立し、会社を経営している。

その会社経営の結果はというと、もちろん、彼に信頼を寄せる多くの仲間とともに、会社の売上も順調に伸ばしながら、素敵な30代を過ごしている。

POINT

20代で間違った成長をすると、結果の出ない30代がやってくる。自分の正義感にかなった成長を目指そう。

13

結果を出す人は、失敗したら、やり方を変える。
結果を出せない人は、失敗したら、落ち込む。

「打たれ弱い」人がいる。

ある僕の部下もそうだった。

女性社員のTさんは、うまくいっているときは明るく、仕事もどんどんこなしていくのに、一度何か失敗すると、深く落ち込んでしまい、なかなか元のモードに戻れない。

彼女は企画部署であり、その企画いかんで成果が問われる仕事がメインだった。

企画はうまく通るときもあれば、もちろん通らないときもある。

その一つひとつに懸命に取り組んでいるものの、一度通らないとなると、反省するだけでなく徹底的に落ち込み、ほかの業務にまで支障をきたすほど。

本人も元気を出してがんばろう、という気もちはあるけれど、いまいち過去の失敗の経験に心を奪われ、次に思い切って踏み出せない状態だった。

何とか結果を出す仕事をしてもらおうと、僕は彼女とさまざまな約束をした。


そのなかでも、Tさんが大きく変わった約束がある。

それが、**「うまくいかなかったときは、まずどうするかを決め、実行する」**ということ、そして、**「凹むなら、100回失敗してから凹め！」**ということだった。


この約束を課したとき、Tさんはある一つの企画を客先に提案していた。

そして数日後、その返答の電話がかかってきた。

電話でのやり取りだったから、僕は傍で聞いていて「ダメだったんだ」ということがはっきりとわかった。そして彼女の反応を見た。

でも僕と約束をしていたTさんは明るい声で
「そうだったんですねー！　残念です！　でも見ていただいてありがとうございます！またぜひ次の企画見ていただければと思いますので、どうぞよろしくお願いします！」と答えていた。

するとそのお客様は、

「そうですね、もうちょっと切り口を変えて、こんな感じのものを出してもらいたいんですけど、お願いしてもいいですか?」

と言ってくれたのだ。

結果、Tさんは100本失敗する前に、しっかりとその企業相手に企画を通すことができた。


このことは、社外への提案時に限らない大事なことが隠されていると思う。

たとえば、上司に何か提案した際に「そんなんじゃダメだ」と言われて落ち込む人はいないだろうか?

一度ダメだったといって落ち込み、そこでその相手との交渉を「終わり」にしてはいないだろうか?

「提案を断わられる」というのは、別にあなたの考えや人格を否定されたわけではない。

たまたま、条件や状況が噛み合わず、「そのときはダメだった」というだけのことだ。

それなのに、そのつどそのつど落ち込み、次の行動をとらなければどうなるだろう？

大事なチャンスを自ら潰しているということにほかならない。


もちろん、Tさんのように、その場ですぐに次のチャンスが与えられることは珍しいケースだろう。

しかし、相手に「落ち込んでほしい」と思って提案を断る人はいない。


僕が昔、一人暮らしをするアパートを探していたときのことを思い出した。

「あと1件くらいほかも見て、それでもこの物件のほうがよければ決めたいなあ」と思った物件があったんだ。そのことを不動産屋の担当に伝えた。

すると、その担当者は「え！　もういいじゃないですか、ここ本当にいい物件ですよ？」と少し咎めるような口調で言うのだ。

「そうですねえ。でも、もう1件だけほかも見ていいですか？」と僕が言うと、

「でも……　今日契約しないと、とられちゃうかもしれませんし。もう、今日決めたほう

がいいと思うんですよ」と畳みかけてくる。

「いや、でも……」と返事をするごとに担当者の顔色は暗くなっていき、しまいには「はぁ……絶対今日のほうがいいんですけど、しょうがないですね。わかりました……」といって、そのあとはほとんど無言になってしまうくらいまで、極端に落ち込んでしまった。


そのとき僕はどう思ったか。

ひとこと「面倒くさい」だ。


結局僕は、その物件はとても気に入ったけど、別の不動産屋で決めることにした。

このように、断わった相手というのは、別に悪気はない。ましてや、相手を落ち込ませようなんて、思ってもいない。

しかし、どんより「落ち込む」態度をとられてしまうと、どんなに商品がよくても、「また来よう」「いつかはこの人にお願いしよう」という気もちにはならないものだ。

どんな仕事でもそれは同じ。

常に、「**うまくいかなくても、また次がある！**」という気もちで仕事をすること、そして何より、**明るく対応をする**こと。

いま、「うまくいかなかったらどうしよう……」と思う仕事を抱えているあなた。

ぜひ「100回断わられたら凹もう！」と考え、次の行動を決め、上司や同僚に伝えてみてほしい。

そうすると不思議とうまくいったり、また次のチャンスがくるはずだ！

POINT

仕事や人との関係性に〝終わり〟はない。常に〝次〟の行動を見据えることで、前向きな仕事が実現し、結果がついてくる。

14
結果を出す人は、成果を共有する。
結果を出せない人は、成果を独り占めしようとする。

僕は25歳のとき、コンサルティング会社の営業に転職をした。

もともと飛び込み営業しかしたことがなかった僕にとって、正直、未知の世界であり、毎日がわからないことの連続だった。

そんななか、1歳年上で僕より半年前に入社したTさんといっしょに仕事をすることになった。

Tさんは当時決して目覚しい成果を出していたわけではないが、とにかく何もわからない僕としてはいろいろ教えてもらおうと何かと質問をした。

でも「えっ？　丸茂君そんなこともわからないの？　それやばくない!?」と言われたり、「忙しいから、あとでね」と言われて、なんだかんだその解決策は聞けずに終わっていた。

Tさんが契約をとってきたようなときに、「Tさんすごいですね！　どうやって決まったんですか？」と聞くと「いやあ……　なんとなくうまくいったんだよね」と言われて終わり。

もちろん、僕ももっとガツガツ聞けばよかったんだろう。

でも、一事が万事こんな感じだから、僕はしまいには「この人は僕にあんまり教えたくないんだろうなあ」と考えるようになっていた。

そして、とても悲しいことにそれは事実だったようだ。

「Tさん、なんでいっつもちゃんと教えてくれないんですかー？　はぐらかさないで教えてくださいよー！」

ある日僕が、何となしにこう聞くとTさんは冗談交じりの口調でこう答えた。

「だってさ、丸茂さんにいろいろ教えちゃうと、成績抜かれちゃうじゃん？」

まあ、本人はあくまで冗談のつもりで言ったんだろうけど、なんだか僕はとても悲しかったし、違う人に教えてもらおうって思うきっかけになった。

そして、そのとき僕を助けてくれたのが、2歳年下だが、会社では先輩社員のOさんだった。Oさんはとにかくバリバリ働く女性だ。

僕の質問に対しても「え！　そんなこともわからないの?」とは言うけど（苦笑）、親身になって自分がもっている情報やスキルを惜しげもなく僕に教えてくれた。

成績がトップだったわけではないが、上司からも信頼されていて、お客様も根強いファンがついているような人だった。

契約が決まったときには、わざわざ僕が聞きにいかなくても（どうせ聞きにいくことも、わかっていたのだとは思うけれど）、自分から教えに来てくれた。

「丸茂さん、今日私が決めた契約なんだけどね。IT企業で、こういう課題があったんだよー。……。そこで、使ったのがこの営業ツール！　すっごく興味もってくれてたよ！

あとでみんなにも共有しておくから、よかったら使ってみて！」

そのあとOさんは、世界NO・1の某外資系チェーンとの提携を決めるという大きな仕事を成し遂げた。そして現在では自身が経営者として手腕を振るい、順調に成長を遂げている。

この二人の差は何なのだろう？

Oさんは人に対して、自分がもっているものを惜しげもなく「共有」していた。

自慢ととらえる人もいるかもしれないけど、少なくともOさんから共有をしてもらって、損をする人はいなかった。

現に、僕はそのもらった営業ツールでバンバン成績を上げたし、ほかの人も同じだった。

その結果、チームは目標達成も果たし、Oさんのところには「感謝」が集まった。

だからもちろん、僕も何かOさんの力になれそうなときは「共有」をしたり、進んで手を貸そうとしていたんだ。

いまはもちろん違うけれど、僕だって20代の最初のころには「他人にやり方を教えて、抜かれたら嫌だなあ」なんて思った瞬間があった。

でも、共有すれば、「ありがとう」と言われるし、共有されたことを活かせば「成果が上がる」。

なんでこんな簡単なことを嫌がる必要があるんだろう、といまは心底思っている。

しかし、この「共有」って実は難しくて、「でも自分ができたことを自慢するみたいで嫌だな」と思う人もなかにはいるようだ。

実際にいま僕の会社で働いているD君がそうだった。

すごい成果を出しているのに、

「別に、何もしてないよ。普通にやってるだけだし」

「いつも丸茂さんが言っていることをやってるだけだし」

なんていうだけで、提案資料や、面談の流れをきちんと共有しなかった。

彼は、「すごい!」とみなに思われてるものの、残念ながら「応援されて」はいなかった。

自分から「共有」することで、「いいものをくれてありがとう!」とも言ってはもらえないから、彼自身も孤独になったり、「認められている」とは思えなかったりする。

それはとてももったいないことだった(もちろん、いまではD君は積極的に情報共有をしている)。

もし、もしあなたのいる会社で、こういう人が評価されているのであれば、危険信号だ。

会社はどんどん弱っていってしまう。弱い組織になってしまうんだ。

それでも成功者の情報がほしいのなら、あなたができることは一つ。「共有されないなら、盗む」こと。

面談にいっしょに行くことでもいいし、日報をなめるように読むことでもいい！

共有されるのを待っていては、結局あなたの結果も変わらない。

あなたが本当に結果を出したいのであれば、うまくいったことはどんどん「共有」しよう！

そして、**「共有してくれない人」がいれば、どんどん盗む**こと。

そして、その「盗んだこと」をみんなに「共有」してあげることだ。

POINT

成果をシェアすると、人と情報と成果が付いてくる。
成果をシェアしないと、人と情報と成果が離れていく。

3章

結果を出す人のコミュニケーション出せない人の孤独

IT IS EASY TO ESCAPE
FROM HARD PLACE
AT ANY TIME.
BUT IT CANNOT
ESCAPE FROM
YOUR OWN LIFE.

01 結果を出す人は、質問する。結果を出せない人は、勝手にやる。

入社3年目までの社会人の、一番の強みは何だと思うだろう？

勢いがあること？

体力があること？

失敗ができること？

どれも強みではあるけど、一番の強みは実は「わからないことを、わからないと言える」ことだ。


入社3年を超えて「わかりません」なんて言っていたら、「いままで何やってたんだよ……」と呆れられ、「デキないし、成長もしない人」という烙印を押されて終わり。

上司や先輩の言うことに「いや、いまのよくわからないな……」と思ったときや「なんか納得できないな」と思ったときに、聞くことができる、そして相手も違和感なく答えてくれる、というのは新人のあなたの一番の強みなんだ。

たとえば、会社の会議について。

メンバーが一堂に会するなか、上司が営業戦略と次月の目標について話している。

「いま我が社には三つの商品があるが、今月は商品Aに注力する。時期的にも売れやすい商材だ。だから、全員最低限の目標としては〝商品Aで一人5契約以上〟にする。いいか、基本的には商品Aを提案するんだ!……（中略）我が社はいま大事な時期だ、私達の部署でしっかりと売上を支えなければならない。そこで、今月の営業目標は全員で2億だ。一人ひとりの目標はいままでの倍になる。これまでと同じように商材を売っていては、なかなか達成できないぞ。商品BやCは単価が高いので、これらをしっかりと導入いただこう。いいな。しっかりとみんなで達成させよう。みんな、いいな?」

……さあどうだろう?

あなたはこの話で、今月の活動方針をすっきりと理解できただろうか?

実は、これは僕が営業マンだった時代に、実際に課長から言われたことを、あとから補足しながら書いている。

僕はこの話を聞いたとき、ちんぷんかんぷんだった。

「商品Aで5契約ってけっこうたいへんだよな……　しかもそれだけじゃ目標数値に絶対届かないし……」

「でも基本的には商品Aを提案しなければいけないんだよな。あれ、でも、単価の高いBやCも売らないと達成できない、とも言っていたな……」

「両方やればいいんだろうけど、最初は商品Aを絶対提案しなきゃいけないっていうことかな。でも、最初からBやCが向いているお客様だったらどうするんだろう?」

うーん……と、頭をひねっていたけど、ほかのメンバーは課長の言葉に大きくうなずき、「わかりました!」と返事をしている。

僕はその場で質問ができなかったけれど、これだけほかのメンバーがわかっているのだから、あとで教えてもらおうと思って、会議を終えた。

そして会議後、メンバーのなかでも一番大きく話にうなずき、「わかりました!」と答えていた隣の席のY先輩に質問した。

「Y先輩、さっきの件なんですけど、ちょっと僕よくわからなくて……。要は何をどうやって売ればいいのか、教えてもらえませんか？」

「ああ、あれね。まあ俺もよくわからないんだよね」

「えっ……　それ大丈夫ですかね？　みんなわからないんですかね？」

「うん、まあいままでより目標が高くなるっていうことだろ？　そんな感じだと思うよ」

「……あの、それわからないってことですよね？　確認しないとまずくないですか？」

「言えるかよ～あの雰囲気で！　まあきっと、そんな感じだと思うからさ。きっとそうだよ」


その月も半ばになって、そのY先輩への指導中に課長から質問が飛んだ。

「Y、俺が月初の会議で言ったこと覚えてるか？」

「えっと……　売上目標が上がるから、AもBもCもとにかく売れ、という……　そのつもりで、お客様にそれぞれ提案をしていますが……」

そのあと、Y先輩が大目玉を食ったのは言うまでもない。

課長は「商品Aを5契約」ということをもっとも重視しようと思っていたのだ。

商品Aを導入してもらえそうなお客様にまずアプローチをかけること。5契約とるのに必要な数、アプローチをかけること。これが行動の最低条件だった。

その上で、これまでBやCの提案をしたことがある先をしっかりと追い、受注につなげてほしい、という意図があったようだ。

あなたはY先輩（と、結局聞けなかった僕）になっていないだろうか？

もう自分はわかっている。上司にできるやつ、理解のあるやつって思われたい。

だから**とりあえず「YES」と答える……**

そういう「むだなプライド」ってやつは本当にもってないだろうか？

そのむだなプライドがあることで、「ちょっとよくわからないな」と感じても、なんとなくわかったような気になって、あえて質問することも相談することもしない。

その結果、行動が変わることもなく、結果も変わらない。

そんなむだな時間を過ごしてしまうのは、あまりにももったいない。

確かに上司に相談したら、煙たがられるかもしれない。

でも、本当に上司が評価するのはどういう人か、考えたことがあるだろうか？

「何でもわかっている（ふうの）人」を喜んで指導し、育て、成長させたいとは思わないものだ。

自分が「何でも全部わかっている」という、むだなプライドは、あなたの成長をじゃまするだけ。

そのプライドを捨て、素直に真摯に「わからないのですが（私はこう思っているのですが）その理解で合ってますか？　教えてください！」という人のほうが、数倍「こいつはやる気があるな」と思うし、「もっと教えてやろう、育ててやろう」と思うものだ。

POINT

聞くは一時の恥。入社3年以内は恥をかきまくろう！

聞かぬは一生の恥。聞いた分だけ成長する。

02
結果を出せる人は、叱られても報告をする。
結果を出せない人は、報告の数が少ない。

僕が一部上場企業でコンサルティングの仕事をしていたときのこと。

僕の後輩である新人コンサルタントY君は、毎日のように上司に叱られていた。毎日毎日遅くまで仕事をしているのにも関わらず、なかなか仕事が進捗していなかったからだ。

そこで上司はある一つの指示を出した。

「一日10回仕事の進捗を俺に報告してこい！」というものだ。

一日10回といったら、平均すると1時間に一回の報告になる。

そのつどこの1時間で進んだこと、進まなかったこと、次の1時間のスケジュールを報告しなければならない。

頭で考えるのも大変だし、さらにはこの上司はとっても厳しいことで有名で、話しかけるのですら億劫になるような状態だ。Y君はいつも、恐々として報告をしていた。

報告内容に対して、上司から次の指示や確認が入ろうものなら（それが単なる質問だとしても）ほとんど泣きそうな顔になっていたほどだ。

そして、「泣くな！」と怒号が飛ぶ……

でも、2週間ほどたったころ。Y君に変化が現れた。

報告に行くのに慣れてきたのか、怖じ気づくことなく上司と話すようになった。

そして、それまで遅々として進まなかった仕事がどんどん進んでいた。

周りが、「あれ、Y君ってこんなに仕事できたっけ？」と思うほどに。

1カ月を過ぎたころには、Y君は報告を嬉々としてこなしていた。

気付くと、怒号が飛ぶことはなく、上司はY君に対して何も言わなくなっていた。

報告を黙って「うん、うん」と聞くだけ。

必要なときはアドバイスをしているようだったけど、Y君も平然と受け入れていた。

その「一日10回報告ルール」が解除されるころ、Y君の仕事は格段に早く、正確なものになっていた。

最初は「新人だし、大丈夫なの？」と心配していただろうお客様からも、「Y君がいてくれてよかったよ！」というありがたいメールをいただくほどになり、さらには、追加受注までいただくような状態にまでなったんだ。

この「一日10回報告ルール」には、どんな効用があったのだろうか？

実は、僕もいま、自分の直属となる新人にはこのルールを課している。

報告するには、自分の仕事や進み具合を自分でチェックしなければならない。

たとえば「今日中に報告書を二つ書かなければいけない。それと、お客様に提出する提案書を一つ。3日後までに営業用リストをまとめなければいけないから、これは今日から手を付けといたほうがよさそうだな」という状態であれば、その1時間ごとにどこまで進んでいて、それが順調かどうかを自分で確認する。

「午前中に報告書を二つ作る」予定なのに、11時の時点で「あれ、一つも終わってなくてまだ半分だ……」ということがわかれば、それを報告するたびに自分で知ることができるし、そのあとのスケジュールも立て直さなければならない。
またそのことを上司に報告すると「なぜ、進みが遅いのか？」の要因を見つけてもらいアドバイスをもらえる。すると自分の仕事のしかたは改善されるようになる。

さらに、これを一日10回、毎日おこなうともなれば自然に
・自分の仕事の進み具合を自ら確認できるようになり
・次にどういう行動をとればいいか明確になり
・さらには常に上司とコミュニケーションをとれるので、常に必要な相談ができるようになるのだ。

つまり、**「報告をする」という手段を使って、自然に「セルフマネジメント」をまわすことができるようになる**ということ。

そして「報告」とはあくまで「コミュニケーション」。

常にコミュニケーションをとっておくことで、上司に自分の仕事を把握してもらい、どう進めればいいかそのつど確認できるので、安心して仕事が進められるようになるんだ。

さらにもう一つ。僕がY君の様子を見ていて思ったことがある。

常に「報告」をすることで、相手のことをどんどん好きになれる効用があるんじゃないかということだ。

もしかしたらあなたにも、苦手だな、叱られそうで嫌だな、と思う上司や先輩がいるかもしれない。

そういう相手ほど細かに「報告」というコミュニケーションをとってみよう。

すると、不思議とセルフマネジメント力がつき、デキるやつだと思われ、社内の人間関係もよくなっていくんだ。

POINT

報告する習慣を身に付けよう！
必ずあなたは活躍し頼られる！

03
結果を出す人は、いったん受け入れる。
結果を出せない人は、いきなり戦闘モードになる。

よく「相談する人は仕事ができる」と言われるが、「相談するのが苦手だ」という人もいるだろう。

僕の部下はみんな、基本的にはよく相談や質問をしてくるけれど、その相談のしかたについては3パターンに分かれるように感じている。

まず一つは、「依存モード」。

まったく自分で考えず、「これはどうしたらいいですか?」「教えてください」「わかりません」ともちかけ、そのあとの行動も「丸茂さんがこう言っていたからこうしました」「言われたとおりしました」というタイプ。

相手の話を受け入れ素直に行動できるのはいいけれど、これだけではいつまで経っても自分で考える力がつかない。

もう一つは、「戦闘モード」。

自分の考えをもち、相談をしてくるから一見よいように感じるけど、残念なことに「自分の言っていることが正しい」ということを主張したがって、人の意見や自分と異なる意見を聞けないタイプのこと。

もちろん、その考えが正しい場合もあるが、残念ながらこういうタイプの人は周りからの協力を得ることが難しい。さらには、「自分は正しい」と思っているから、周りの協力がないことも自分の態度のせいだとは思わず「相手が悪い」と考える。結果、実力はあるのに組織を任せられない、つまり出世しない人になってしまう。

そして最後は「議論モード」。

議論とは、お互いの意見を述べて論じ合うこと。

自分の意見をもち、相手にぶつけるけれど、相手の意見を受け入れ尊重する土台があるから「話していて気もちいいやつ」で、議論の結果、よりよい考えを生み出すことができる。

多くの人の場合、入社してすぐの時点では「依存モード」だ。

なぜなら「何をやればいいかまったくわからない」から。

しかし、その時期に上司や先輩に相談し意見や指導を吸収することで、正しい仕事のしかたや考え方を覚え、みんなスクスクと育っていく。

しかし、育ってくるとよくも悪くも「自信」がつく。

特に入社3年目以降にこの傾向が見られ、しだいに「過信」に変わっていく……

そしてこの「過信」が引き起こすのが「戦闘モード」なんだ。


僕の部下に入社3年目のYさんという女性コンサルタントがいる。

Yさんは自分の軸がしっかりとあり、コンサルティング先のお客様に対しても自分の考えで仕事を進め、確かな成果を上げているすばらしいコンサルタントだ。

でも、まだまだ経験や知識が不足している部分もある。

彼女のいい部分をぜひ伸ばしたいから、足りない部分は補いながら、お客様にさらによい結果をもたらしたいと思い、仕事の報告を聞いてアドバイスをしている。

しかし……　僕がコンサルティングの進め方に意見すると彼女は、

「……いや、でも、それだとちょっと……」

また別件で同じようにアドバイスをすると、また彼女は、

「はい……　でも、私はこう思うんですけど——」


僕は彼女に何度も「これは、押し付けているわけではなくてアドバイスだ」と伝えた。

お客様のことは彼女が一番よく理解しているだろうし、尊重したいと思っているからだ。

しかし、「でも…」とばかり返されると、「ああ、こいつは自分の言うことをはなから受け入れたくないんだな」と思ってしまう。その結果、「じゃあ、もう自分で勝手にやれよ」という気もちにもなる。


もちろん、僕の器が小さいことも悪いかもしれない。

でもあなたが上司だったら、何を言っても「でも…」と返されたらどう感じるだろうか。

あなたも、友達からの相談でこんな経験をしたことがあるだろう。

恋愛や友達関係の相談をされて親身に話を聞き、なんとか相手の悩みを解決しようとさまざまなアドバイスをしてあげたのに、「わかってるんだけどー……　でもー……」と言

われ、「じゃあもう知らないよ」と思う、あれだ。

すべて上司の言うとおりにやる必要はない。

しかし、**いまよりもっと早く成長しようと思うのであれば、まずは意見や知識を与えてくれる人の言葉に耳を傾け、自分のなかに「そういう考えもあるな」というふうに取り込んでしまえばいい。**

上司の言い方にカチンときたり、よくわからなくて納得いかなかったりすることもあるだろう。

しかし、そういうときほど「なぜ上司がそう言っているのか、その気もちや背景」を考えてみてほしい。これが相手に「感情移入する」ということ。

相手が「なぜそう言ったのか?」ということ、その「気もち」をくみとり、応えることだ。

そして、その気もちをきちんと受け止めながら、言うべきことを「議論」すればいい。

議論モードの人はそういう姿勢で上司と話をしている。

「〜の件に関しては、こういうふうに進めてもいいと思うよ」

と上司が言えば、それが自分の考えと異なっていたとしても、

「確かにそうですね。ありがとうございます。参考になります。ちなみに、私はこういうふうに考えていたのですけど……　どう思われますか？」

とまずはいったん受け入れてから、自分の考えを伝える。

ここで必要なのは、「合っている？　間違っている？　どっちが正解だ？」という視点ではなく、「上司の思考回路を盗もう」という視点。

さまざまな選択肢をもった上で、施策を決めたり提案したりしたほうが、相手の考えとずれた際にも、ほかの選択肢を提示することができるから、より信頼されるだろう。

20代で「絶対に自分が正しい」と思い込んでいては、成長のスピードは鈍化する。

一瞬は成果を出せたとしても、持続しない。

持続するコツはただ一つ。**自分に足りない経験や知識、思考回路を、上司や先輩、他人から盗みまくること。**

そして盗むためには、相手に「もっと教えたいな」と思ってもらう必要がある。

「戦闘モード」で立ち向かってしまっては、相手も売られたケンカを買おうとするか、そもそも買わずに関わらないようにするか、どちらかしか選べない。

「戦闘モード」になりそうなときには、ぜひ、あなたの「勝ち」とは何かを考えてみてほしい。

「社内で上司を論破し、〝あいつすごいな〟と言われる」こと？

「同僚や先輩から〝あいつは正しいよ〟と言われる」こと？

社内で勝っても意味がない。あなたが勝つべきは「お客様」。

「お客様から、〝この人はすごいな、安心して任せよう〟と思っていただく」

このことこそが、そもそもあなたのこだわるべきポイントだ。

POINT

BUTを言い続けたら人はついてこない。そうなんですね、ちなみに、それに、という〝AND〟を言い続けると味方が増える。

04

結果を出す人は、自分に自慢する。
結果を出せない人は、他人に自慢する。

僕は社長という役職柄、面接をおこなうことがある。そのとき、よく感じることがあるんだ。

「なんでこんなにみんな一生懸命自慢してるんだろうなあ」と。

もちろん就職活動では、自分を相手の会社に理解してもらうことが必要だし、それまで行ってきた活動や努力してきたことを知りたいと面接する側は思っているのだから、そういうことを話してもなんら不思議ではない、とあなたは思うかもしれない。

でも、ちょっと考えてみてほしい。

人の自慢話を一方的に延々20分間も聞かされて「気分がいい」人なんているものだろうか？

面接で知りたいのは、「その人がこれまでの人生で、何をどう感じ、そしてどう行動し、その結果どうなって、その結果に対してどう責任をもったか」ということ。

それなのに、「僕は、サークルで代表をやってました。50人近くいるメンバーを一手にまとめて、周りからは〝頼りがいがある〟といつも言われていました」なんてことを一生懸命語られても、本当かどうかよくわからないし、へぇそうなんだ、という感じ。

面接とは「お互いを知る場」だと思っているから、こちらも質問したりして知る努力をするけれど、困るのは社会人になっても、こういう人はたくさんいるということ。

いわゆる、「ほめてもらいたい病」だ。

誰かにほめてもらいたくてもらいたくて、しかたがない人達。

こういう人は小さいころ両親や学校の先生にほめられてきた人が多くて、そして社会になってから上司・同僚・恋人などにほめられないのがストレスに感じている場合が多い。

「何かをすれば、評価してもらえる」ことが当たり前だと思っている。

しかし、仕事は「するのが当たり前」の世界。だからこそよけいに「辛い」と感じ、自慢を繰り返し、周りの評価の声によって自分の価値を高めようとしてしまう。

しかし、よく覚えておいてほしいことがある。

評価者は常に他人だ。だからこそ、自分のことを自慢するのではなく、その話が他人の目にどう映るかを考えなければダメなんだ。それでも、自分の功績を誰かに伝えたいのであれば、その誰かをまずは自分にしたほうがいい。

僕がお世話になっていて、とても尊敬している原田隆史先生という人がいる。大阪の荒れた公立中学校に赴任し、立て直し、陸上部を日本一にまで引き上げた元体育教師で、いまや日本の教育問題に関する第一人者だ。

原田先生の指導方法の一つの「日誌」というのが、とにかくユニークで、実際に僕も実施している。

日誌には、自分の目標とやるべき行動を書く欄がある。ここまでは普通かもしれない。おもしろいのは、今日うまくいったことを書く欄というもの。うまくいったこと、自分をほめてあげたいと思ったことを、毎日三つ書くんだ。実はこれ、意外に難しい。

自分で自分をほめる、しかも書き出す、となると意外に書けなかったり、思い浮かばないことが多い。そして、実践しているからわかることだが、実は、人に認めてもらおうと自慢話を繰り返す人ほど書けていない。

なぜだろう？


昔、僕の先輩社員にTさんという人がいた。

Tさんは、いつも「俺すごいでしょ！」というノリで僕達に話をしていた。

「今日も契約決めたんだよー。すごくない？」

「昨日お客さんにTさんはいいねえ〜ってほめられてさあ。どう思う？」

なんて具合に。

正直、それほどすごくない結果であっても、しつこく「すごいでしょ？　すごいでしょ？」と聞いてくる。ちなみに、成績は中の中。

だから僕は「すごいですね！」と最初は返事してたけど、そのうち聞き流すようになった。

そうすると別のターゲットを見つけてその人に一生懸命質問をする。

「俺すごいでしょ！」って。

でもTさんは、そのときチームで取り組んでいた日誌に、まったく自分をほめることを書けていなかった。

「あんなに自慢しているのに何でだろう?」僕は当時とても不思議に思っていた。

そのときはわからなかったけれど、いまならわかる。

Tさんは、実はとても自分に自信がなかったのだろう。だって実績がないから。

でも、認められたいという欲求はある。だから他人に「すごい」という言葉をかけてもらうことで、いち早く「安心」しようとしていたんだ。

「自信」というのは、ただ結果を出せば出てくるものではない。

結果を出す過程においても、**「自分との約束を守り続けた」分、出てくるものなんだ。**

それなのに、Tさんはそのプロセスを飛ばして、「認められる」ということだけに逃げてしまっていた。

僕は、よほど親しい友人・知人以外には(たまには僕もほめてもらいたい気もちが出るので、冗談交じりで仲のいい人には自慢してしまう……)成果を出しても「すごいでしょ!」とは言わない。それはある人の影響によるものだ。

僕は20歳のとき「地獄の特訓」という研修で有名な会社に入社し、研修講師の仕事をしていた。その研修は一時期マスコミにも取り上げられるほど有名で、ほとんどの経営者が知っているような会社だったんだ。

僕がその会社を退職して営業に転職するとき、とてもお世話になった先輩講師Iさんから、一つだけアドバイスをもらった。

「明日から講師であったことを忘れなさい」

「そうしないと講師病にかかってしまう。

講師をやっている人のなかには、営業などからきしできないのに、さも自分ができるかのように錯覚をしてしまう人がいる。そうなると謙虚さが失われ、誰もあなたに対して教えてくれなくなる」

そして最後に言われたのが「講師であったことを忘れ、まったくの新人としてがんばりなさい」というものだった。

それから10年。

僕は、営業マン時代、営業先で地獄の特訓の講師だったことを自分から話すことはしなかった。

当時の僕からすれば、営業上、武器になるのかもしれない。でもそれは過去の話だ。仮にそのことを伝えたとしても、いま目の前にいる僕がその経歴に相応する振る舞いや実績がなければ、そんな話、誰も聞かないだろう。だから一切自分から話をしなかった。

しかしたまには、過去の話をしなければならないこともある。

そのときにはいつもIさんの言葉を思い出して、決して驕《おご》らないように務めた。

事実だけ端的に述べるようにした。

すると、多くの僕より年上の経営者が言ってくれたんだ。

「なるほどね、だから丸茂君は何か違うんだ。よくわかったよ」

そうして、僕を信頼して仕事を任せてくれた。

ちょっとずるい言い方をすれば、「自分から自慢しない僕」に好感をもってくれたのだと思うし、「過去の栄光にすがらず、学ぼうとしている姿勢」を改めてよいと思ってくれたんだと思う。

他人の評価だけ求めても、自分への自信はすり減っていくばかり。自分への自信は、態度に出る。言葉に出る。それこそが他者からの信頼感につながる。

自分の過去や実績を人に伝えることは悪いことではない。必要なときだってある。

ただ、それをネタに「他人からの評価」を求めだしたら、それはあなたの自信がなくなっている証拠だ。

少なくとも経験の浅い時代に、過去の栄光を引っ張り出して自慢をしたところで、いまの自分と比べればむなしくなるし、相手の信用を失うだけだからやめておこう。

あなたが過去の実績を語るとき、そこに「ほめてほしい」気もちがないか、いま一度見直してみてほしい。その伝え方一つで、あなたの自信と信頼は左右されるんだ。

POINT

他人からの評価を求めず、自分で自分を評価する。それが、他人から評価を得る一番の近道だ。

05
結果を出す人は、人におはようを言う。
結果を出せない人は、オフィスにおはようを言う。

まずは、朝オフィスに着いたあと、あとから出社する人達を少し観察してみてほしい。
朝一番、誰がどういう「おはよう」を言っているだろうか。

たとえば僕のいるオフィスで見ていると

結果を出している人は、
・笑顔であいさつしている
・明るい声であいさつしている
・オフィスにいる人を見てあいさつしている

結果を出していない人は、
・笑顔ではない
・声は張っているが明るくはない
・オフィスにあいさつしている

この違いは何か?

毎日いろいろな仕事があるけれど、ほとんどの仕事において、人と人とのつながり＝コミュニケーションが発生していると思う。

業務報告もそう。何か依頼をするときも、指示を受けるときも、全部コミュニケーションだ。

実はこの「おはよう」という言葉は、その日一日のコミュニケーションの始まりの合図になっているんだ。

それなのに、コミュニケーションをする「人」を見ずに、「オフィス」を見て「おはよう」を言っていたらどうだろう？　それは、円滑なコミュニケーションのスタートだと言えるだろうか？

僕の知っている経営者で、こんな人がいる。

まだ若い社長で、オフィスも小さく、社長自らがスタッフの育成をしている。

その会社ではたくさんのテレフォンアポインターのアルバイトを雇っているのだけど、その社長は来るスタッフ一人ひとりの目を見てあいさつをしているんだ。

多いときには20人以上が介するようなアルバイトにも全員にだ。

「おはよう！」と言って、先に来ている社員がいれば一人ひとりの表情もしっかりととらえているという。

体調が悪そうなスタッフを見付ければ「顔色悪いぞ大丈夫か？」と声をかけたり、朝からニコニコしている社員がいれば「おっ！　何かいいことあったのか！」と声をかける。そのため社内のコミュニケーションは円滑だ。

そして、その会社はスタッフの定着率が高く、かつこのような時代において、いまも順調に成長し続けている。

些細なこと、と思うかもしれない。でもこれは、とても重要なことだ。

朝オフィスに向かって「おはよう」という人は、コミュニケーションをとろうという気がなくなってしまっている。

そしてこれはいつの間にか習慣になる。

あなたも、一生懸命に話しているときに目を見てくれない人を見て「嫌だなあ」と思ったことはあるんじゃないかな。

僕の部下で他社の内定を断わって、僕のいる会社に（転職という形で）入社したKさんという女性がいる。

なぜか。

彼女は内定をもらった会社での内定式に出たとき、とてつもない違和感を感じたそうだ。

内定証書を一人ずつ授与する際、社長は下を向いたままで、誰一人として顔を見なかったそうだ。机に座ったまま、黙々と手渡ししていたという。

当時彼女の同期は50人近くいたらしいのだが、そのあと入社3年経つころには10人も残っていなかったらしい。


僕は言霊というものを強く信じている。

そして、その言霊はただ「言葉」にだけ宿っているものではないと思ってもいる。

たとえば、すばらしいミスターチルドレンの歌の歌詞を、僕が同じような思いで歌ったとする。同じ曲、同じ歌詞であったとしても、たぶんミリオンセラーにはならない（いや、そもそも発売にならない、というのが正しいけど……）。

言葉を発するときに、どのような気もちや態度で伝えるか。

そこにこそ、言霊が宿り、人に伝わったり伝わらなかったりする理由があると思うんだ。

ちなみに僕は、昔から意識していたわけじゃない。

でも営業経験を積んだあと、再び人前に立って話すセミナー講師を始めたとき、ちゃんと言葉に言霊を宿らせる人になりたい、と強く思った。

そこで始めたのが、人に届く「おはよう」だ。

業務中は忙しくて、すべてのコミュニケーションに、力を入れられないこともあるかもしれないから、せめて朝一番の「おはよう」だけは、気もちを込めて人の目を見て伝えよう！と決意した。そうするとそれが習慣になって、ほかの言葉にも魂が宿って力が湧くようになったように思う。

いまは年間５０００人以上の人に対して研修やセミナー講師をしているけど、多くの人から「話を聞いてモチベーションが上がった！」「説得力がある」と言われるようになった。

僕は経営者としては若いほうだけれど、耳を傾けファンになってくれる経営者がさらに増えた。僕が話している内容は、別に難しいことじゃないし、どちらかというと普通のことが多い。

だからこそ、簡単な言葉、普段のやり取り、そういう言葉にこそ強く思いやりを込めないと、相手に何も伝わらない。

だから、言葉を大切にしたほうが絶対にいい。

常に一言一句、だと疲れてしまうから、せめて一つ。

朝一番の「おはよう」に思いを込めるだけで、その日一日のコミュニケーションも、人に伝えるための言葉にも、しっかりとあなたの魂が宿ることだろう。

POINT

「おはよう」はコミュニケーションの始まり。始まりよければすべてよしだ！

06

結果を出す人は、できる上司や先輩と飲む。結果を出せない人は、営業先と飲む。

あなたはお客様と飲みに行くことが多い？
それとも社内の上司や先輩と行くことが多い？

結論から言おう、20代ではお客様との飲み営業を覚えなくても必ず成果は出る！

飲み会の席でのマナーや気配りを覚えることは大事だけど、それだって社内の上司や先輩と行ったほうが、実はいち早く覚えられるものだ。


僕はつい最近までお客様と飲むことはほとんどしなかった。

いや、以前はしていたのだが、しなくなったというのが正しい。

僕はお酒は強くはないけれどけっこう好きで、20代の半ばごろまでは、ついつい仲よくなった営業先の経営者と飲みに行くことがあった。

あるとき、こんなことがあった。

僕は自分が担当するコンサルティング先の社長に誘われて食事に行った。かわいがってくれていることもあって、お酒をご馳走になりながら、いろいろな話を聴いていたんだ。

話の流れで、社長が「丸茂君、○○について教えてよ」と言ってきた。その社長が望んでいた情報というのは、実は僕が働いていた会社ではとても重要な情報で、その情報を提供することでお金をいただいていたりもしていた。

これが飲み会の席じゃなければ、僕は困らなかった。

「すいません、社長。その件については別途ご契約いただいたあとに、ご提供できる内容なんです」

と言って、しっかりと断れただろうし、本当に社長に必要な情報なのであれば、僕は堂々と契約のための交渉を進めただろう。

しかし、ご馳走になっていた僕は情けないことにタジタジ……

「いやぁ……、それはうちの大事な商品ともなっているので、ちょっと……」とお茶を濁そうものなら、「じゃあ、その費用はこの飲み代でいいでしょ?」と笑顔で切り返される。

いまであればそんな状況、もちろん困ることはない。

でも、当時の僕はまるで余裕がなかった。


あなただったらどうだろう?

相手はとてもとても大切なお客様。受注の可能性も充分にある。

さらに、普段の面談ではお世話になっているし、年齢も自分の2倍近い。

そして、いま自分は何よりもこの人に「ご馳走」になっている。

このような状況に置かれて、きっぱりとNOを言える人であれば問題ない。

しかし、相手は自分の二枚も三枚も上手の経営者だ。


そういう状況で真面目にNOと言うのは本当にたいへんなことだった。

そのときのことを思い出すと、いまでもジワ~っと冷や汗をかくくらいだ。


そして僕はその飲み会のあとに気が付いたことがあった。

それは、お客様との飲み会の結果、営業マンはどうなるのか。

①お客様にご馳走になったとたん、言うべきことが言いにくくなる
②お客様から「ね～これだけ頼むよ～」と言われるような「な～な～な関係」が生まれる
③飲みすぎてギクシャクする（場合もある）

という3点だ。

①については、これは僕が普通の人、いやそれ以上に弱い人間なのかもしれない。でも、ご馳走になった相手に対して、仕事上コンサルタントとして言うべきことが言えなくなってしまったというのは事実。

結果を出すために必要なことだけ伝えようと思うのに、ついついよけいなことを考えてしまう。飲み会というアンオフィシャルな場での発言にも関わらず、相手の人となりがわかってくることで、「こんなことを言ったら、この人は嫌な思いをするだろうなあ」とか「実は社長はこんなことは思っていないんじゃないか」とか。

事実をとらえる前に、よけいな想像ばかりふくらんで集中できなくなるんだ。

そしてその結果起こるのが②の状況だ。

別に相手は僕の弱みに付け込んでいるわけではないけど、互いに「甘え」が出てきてしまう。

もしあなたが何らかの理由でお客様と飲み会の席を設けるのであれば、酒の力を借りて仕事をうまくやろうと思わないことだ。別にそこで気に入られなくても、仕事をまじめにしていれば、必ず成果も信頼もついてくる。


ま、本当のところをいうと僕自身の体験でいえば③が一番の理由。

お酒に強く、底なしの人と飲むと、ペースが速くなることがある。

若いうちは、ついつい相手に合わせて飲んでしまうことも多いだろう。

僕もそんなことがあった。飲みすぎてコンサルティング先の社長にからんで、泣いて、吐いて、という大醜態をさらしたわけで……

そのこと自体は社長は笑って許してくれたけど、自分を律することのできない人に、会社を任せるわけにはいかない（S社長、その節は本当に未熟者で申しわけありませんでした）。

飲み会というのは、お客様に気に入られてうまくいくという期待をもって望む人が多いだろうが、僕にいわせればまったく逆。

ハイリスク、ローリターンだ。

だから、僕は自分でコントロールできるようになるまで、お客様と飲みに行くことをやめた。

ここで言いたいことのポイントはここ。

「**お酒の場でも、絶対に自分をコントロールできるか？**」ということ。

ただし、上司や先輩とのお酒は大切だ。

僕は20代のころ、この時間を何よりも大切にした。

最近は若い人が上司や先輩とお酒を飲みに行かなくなったなんて聞くけど、成果を上げたいならば、できる上司や先輩からいろいろ盗むために飲みに行くべきだ。

「プライベートは別なんで」なんて言って飲み会を断ると、一見できるやつっぽい言い草だけど、そこにあまりプラスはない。

仕事の基本はコミュニケーションだ。

別に全部誘いに乗れと言いたいわけではない。自分で自分をコントロールすることが何よりも大切だ。

ただし、結果を出している上司や先輩とのコミュニケーションが増えるチャンスをみすみす自ら手放すようなことをしていては、あまりにもったいないと思わないか？

結果を出している人達は忙しい。

そんな人達とお酒の場であれば2～3時間は悠々と話ができるんだから、こんなチャンスはない。

たとえばあなたが、「上司の意見、なんかたまに腑に落ちないんだよな。でも本人に聞きづらいし、それで何かうまくいっていないわけでもないし。がまんすればいいだろうけど。なんとなくモヤモヤするときがあるんだよな」なんて思っていたとする。

僕もよくあった。

でも、ある先輩と飲んでるときに、とてもよいアドバイスをもらったんだ。

「丸茂さんと○○さん（上司）の考えが違うことはたまにあるよな。でも、実は○○さんは、こう考えて言ってるんじゃないか。少なくとも俺ならそう考えるよ。別に丸茂さんも間違っていないし、○○さんも間違ってないよ」

とても大きな悩み、というわけではなかったけど、そのとき示された先輩の考えは、僕にとってとてもとても腑に落ちるものだった。

人と話すことでしか、人の思考は学べない。盗めない。

人の思考を盗むことで、考える幅が広くなり、悩みが悩みでなくなったり、新たなアイデアが生まれたり、さらには手を差し伸べてくれる人がいることを知ることができる。

こんなふうに、普段の仕事の時間だとちょっと聞きにくいことも聞いたりできる。

それに、多少飲み会の席の場での配慮が足りなくても、学びたいということを知れば、先輩は積極的に教えてくれる。

そうすれば恥ずかしくないし、相手も気もちよく教えてくれる。さらに、社内のコミュニケーションも円滑になり、協力者が増える。

いいことだらけだと思わないかな？

ちょっと面倒くさい、という人もいるかもしれない。
でも、この「コミュニケーションに飛び込む勇気」をもっているかどうかで、あなたの仕事人生は大きく変わるんだ。

POINT

お酒は自分コントロールの力量を試されるツール。使いこなせるのであれば、あとはコミュニケーションツールとして社内で大活用しよう。

4章

結果を出す人の習慣 出せない人の習慣

IT IS EASY TO ESCAPE
FROM HARD PLACE
AT ANY TIME.
BUT IT CANNOT
ESCAPE FROM
YOUR OWN LIFE.

01

結果を出す人は、毎日目の前のことを継続できる。
結果を出せない人は、毎日同じことができない。

「毎日同じことをする」というのは意外に難しい。
でも誰もができるわけではないからこそ、続けることに価値がある。

僕は人材派遣の営業マンだった23歳のとき、新規開拓の営業活動において、毎日同じ会社を訪問し続けるということをした。

一番連続で行った会社で1カ月間だ。

ライバルの派遣会社が入っている上場企業。人材派遣のニーズがあるのは確実だ。さらに業績が上がっている会社だったので、まだまだ入り込む余地はあると信じていた。

だから、何とか人事部長に会いたくて、毎日毎日通った。

でも毎日会っていたのは人事部長ではなく、受付の他社の派遣社員の女性だった。

僕は彼女に毎日ラブレターを渡した。

……もちろん人事部長に宛てた「面談依頼」のラブレターだ！

そして訪問し続けて25日目、なんと人事部からの返事がもらえた。「○月○日▲時に来てください」というものだった。そう、僕は面談の時間をもらうことができた。

そして、僕は面談に臨んだ。すぐに、受注が決まった。

僕がいた会社では、誰も会ったことのない人事部長であり、もちろん受注したこともない上場企業から、初めて受注をもらえたんだ。

そのとき僕はどうしても気になって、人事部長に質問した。

「何で会ってくれたんですか？」

部長はこんなことを言っていた。

「ここまでしつこく訪問されると、会わないと罰があたるんじゃないかって思ってね(笑)」

と。確かに僕はしつこかったと思う。でもそれが相手を動かした。

僕は成功者は続けているから続けよう！なんて安っぽいことを言うつもりはない。

はっきり言って続けるって本当に難しいと思う。じゃあ、なぜ続けようと僕が思えたか？

僕は特段頭がいいわけじゃない。

大学も出ていないし、高校だっていたって普通。

だからその分、「ほかの人と同じことやってても成果は出ない」って思っていたんだ。

「毎日同じ会社を訪問するなんてやっぱり苦しいな……」って思ったときには、**「きっと俺だけじゃなくて、みんなこういうときは苦しいんじゃないかな？　だったら、みんな苦しくて動けなくなるときに、苦しいけどあとちょっとだけがんばれば、差になるんじゃないかな」**って考えるようにした。

そして、結果それが大きな「差」になった。

僕は大学に行けなかったけれど、こういうときに僕は大学に行けなくてよかったんだって思う。

コンプレックスや引け目に思うことがあるからこそ、がんばれたということが絶対にあったと思うから。これは、ちょっと余談だけれど。

あなたの周りを見ていてもそういうことはないかな？

勢いだけで、アイデアを出したり新しいことに取り組むのが得意な人よりも、小さなことにコツコツと取り組み普段はあまり目立たなかった人のほうが、ある日突然大きな成果を出したりするようなことが。

まずは、目の前のことを「続けて」みる。

もし、あなたが「何かうまくいかないなあ」と感じ新たな方法を考えようとするときがあれば、必ず一度立ち止まって考えてみてほしい。

「**いまの活動は、やりきった！と言えるほど続けたか？**」

もう誰が見ても充分だ！と思えば、次の方法を考える時期だ。

でも、「いや、まあ充分、というほどではないかな……」と思ったのであれば、まだその活動を「続けて」みるといい。

もし、いま現在続けているもの、続けるべきものがない人は、何か1つでいいから決めてみよう。本を読む、営業のロールプレイングをする、テレアポを1時間する……自分の目標につながるものであれば、何でも構わない。

そのたった一つが、いつか突然思わぬ芽となり必ず現れる。毎日同じことを「続けた」人にしか見ることのできない景色がある。たった一つでいい。あなたにもそのチャンスをつかんでほしい。

POINT

効率のよさは、続けないと生まれない。頭で考えた効率のよさなど、あってないようなものだ。

02
結果を出す人は、毎日でも修正できる。結果を出せない人は、修正することができない。

先に「毎日同じことを愚直に行動できる人・できない人」の違いについて話した。

この項では、「でも、毎日同じことをただ続けているだけでは意味がない」ということを伝えたい。

「毎日やれと言ったり、毎日同じだけでは意味がないと言ったり……　結局上司に言われたことをやれってこと?」なんて、一瞬脳裏によぎった人もいるのではないだろうか?

極端な思考に走らず、聞いてほしい。

たとえば、僕は、ある時期ダイエットをしようと思い立った。

目標は3カ月で8キロの減量。そもそもが飽きっぽく、お酒を飲むことも美味しいものを食べることも好きな僕が、どうやったら実現できるのか、考えた。

まず、仕事と同じように「目標を達成するために、やるべきこと」を考えた。飽きっぽいのが最大の難点だったから、「毎日確実に続けられそうなこと」をまず決めることにした。

それは、「体脂肪を減らすお茶を毎日飲む」ことと「ダイエットサプリを飲む」こと。

これであれば、毎日買って飲むだけだから、飽きっぽい僕でも、続けることができた。

毎日毎朝、駅のコンビニに寄り、お茶を買い、昼までには飲み終わる。

その生活を1カ月続けたんだ。

でも、残念ながら体重はほとんど減らなかった。

そのとき僕はこう思った。

「がんばったけど、減らない。何だか自分に残念……」そして、モチベーションはガタ落ち。

そんなときに限って週末に家族で焼肉、会社の飲み会、そしてまた体重は増える……

さて、ここに大きな間違いがあることに、あなたは気付いただろうか？

僕はこのとき「行動思考」に陥っていたのだ。

「行動思考」とは何か？

「やったかやらなかったか」に思考をもっていかれてしまうことだ。

ここでもつべき思考は一つ「目標思考」だった。

僕が一番ほしい結果は何だっただろう？

それは「3カ月で8キロ減量する」ということ。

確かに、毎日同じ行動を続けることはとても重要だ。

しかし、毎日同じ行動を続けること「が」重要なわけではないということだ。

重要なことは、たった一つ。「目標を達成すること」ならば毎日決めた同じ行動を続けることで、「着実に目標に近付いているかどうか」を常に点検しなければならない。

そして、もし「目標に順調には近付いていないいな」とわかったら、すぐに「修正」すべきだ。**どんな行動も、「目標達成のため」になっていなければ、意味がない。**

これは、もちろん仕事においてもいっしょだ。

特に知識ややったことのない業務においては、この「目標思考」を忘れがちだ。

わからないから、誰かに聞く。そして教わったことを素直に実行する。

しかし、時間が経ってもなかなかうまくいかない。

そのうちに、「教わって実行したけど、うまくいかなかった」と、教えてくれた人とその行動自体を否定しだすのだ。

「自分は言われたとおりにちゃんとやったのに、うまくいきませんでした」

このような台詞、あなたも会社で一度や二度耳にしたことがあるのではないだろうか？


もしあなたに追うべき目標があり、上司からその目標達成のためのアドバイスや指示を受けているのであれば、あなたがやるべきことは、「言われたことをただ愚直にやり続ける」ことだけではない。

「いまの行動が本当に目標に対して、着実に近付くものとなっているか」を常に振り返り、確認し、もし着実に進捗していないのであれば、新たな施策を考え、上司に確認をとり、実行しなければならない。

「上司の指示どおりに、やれと言われたからそのとおりにやっていたら、もっと自分で考えろ、と言われる。しかし、自分の意見を言っても採用されない……」

そう反論する人もいるだろう。でも、実はこれも同じこと。

なぜ、あなたの意見が通らないのか？

このような気もちになっている人は多くの場合、「目標達成するための新たな手段」を上司に相談しているのではなく、「単なるおもしろそうなアイデア」を述べているに留まっていることが多いんだ。

あなたは上司に「こうしたほうがいいと思うんですよねー」なんて言ってないだろうか？

上司は単なる「アイデア」が聞きたいんじゃない。

「目標○○に対して、いま××の状態です。

このギャップを埋めるために、Aの施策をとりたいと思っています。

理由としては、先月Aの施策をとったこの部署がうまくいっていて……」

なんていうように、あなたの「アイデア」が、目標達成をするためには必要である、その根拠をわかりやすく伝えることこそが、必要とされている「意見」なんだ。

そして、大切なことは、出したアイデアを自分ひとりでも実行する決意をあなたがしているかどうか！

「反対されたから、やりませんでした。だから判断した上司が悪いんです」なんて言っていたらまるで意味がない。主語は自分、だ。

上司が理解できるように伝えられなかった、あなたにまだまだ工夫のし甲斐があるということなんだから！

ちなみに、飲み物だけでは体重が落ちなかった僕（いま考えると当たり前なんだけど……）。

そのあと行動を修正し、食生活の改善や運動をすることで、しっかり目標達成ができたので、ご報告まで。

POINT

ただ続けるだけでは意味がない。
ただアイデアを出すだけでも意味がない。
目標と照らし合わせ続けることでのみ、行動に意味が出る！

03

結果を出す人は、机がきれい。
結果を出せない人は、机が汚なくて心がすさむ。

まず、質問。あなたは、常にストレスを抱えた状態で仕事をしたいと思うだろうか？

……「はい！」と答える人は少ないだろう。

では、もう一つ質問。あなたの机は、きれいだろうか？

……こちらは、さまざまな答えが聞こえてきそうだ。

よく、「仕事のできる人は机がきれいだ」と言われる。わかってはいるんだけど、なかなかきれいにできない。それが実際のところではないだろうか。

だから、ここでは「なぜきれいなほうがいいのか」をもう少し深く考えてもらいたいと思う。

僕は、「机が汚い」ということは、人にとってストレスになると考えている。
そして若手社員向けの研修をおこなうとき、必ず二つの質問をしている。

①あなたがトイレの手洗所で手を洗うとき、鏡には水が飛び散った跡や手垢がついており、洗面台の周りには水しぶきやホコリ・髪の毛があったら、あなたはその洗面台をきれいに使おうとしますか?
②あなたがトイレの手洗所で手を洗うとき、誰も使った形跡がないほどピッカピカに磨かれており、水しぶきやホコリは一切なかったら、あなたはその洗面台を水しぶきを飛ばして使いますか?

この質問を受けた参加者のほとんどは、こう答える。
①→どうせ汚いのだからいいやと思って使う
②→できるだけ汚さないように使う（汚したら、拭く）
これは、自分の机と仕事に置き換えても同じことだ。

あなたの仕事がいまいちうまくいかないとしよう。

その原因がすべて机にあるとはいえない。

しかしうまくいかない日々のなかで、机がきれいな状態と汚い状態、どちらがあなた自身にとって「いいことだな」「ちゃんとしよう」と感じられるだろうか。


人は、うまくいかないときに、自ら「悪循環」を生み出し、そのループにはまる。

「今月目標達成しなそうだな」→「そういえば、今日のお客様も反応悪かったな」→「○○部長にめんどくさい仕事頼まれてたな」という具合に。


机が汚いと、おそらくふと自分の机を見たときに、悪循環にハマッてるあなたはこう思うはずだ。

「ああ、机も汚いしな」

しかし、机がきれいであればどう思うか。

「でも、机はきれいだな」

つまり、こう**前向きに思えるものが一つでもあることで、思考の悪循環を断ち切る突破口になる**んだ。

机をきれいにしておくということは普段から自分の「心の埃」を取り除いておき、何か悪いことがあっても逆の「好循環」をあらかじめ用意しておくということ。

何か一つでもいいから、「でも、これはよい状態が続いているな」というものがあると、落ち込んでいるときほど救われるものだ。

しかし、そういう僕も20代で営業をやり始めたころ、とにかく仕事を猛烈にやっていて、成績も上がっていたけれど、机は資料にまみれているという状態だった。

いま思うとそのときは一切息を抜くことができなかった。

しかも僕だけでなく、組織にいる人全員の机が汚なく、積み上がっていた。

どこを見ても気が抜けない（笑）。

その結果、さまざまな綻びが出たように思う。

一時、一気に成長しても、成果を出し続けられない。

みんな猛烈に働いていたけど、みんな辞めていった。

わざわざ、自ら好んでストレスのかかる環境を作り出し維持する必要はない。しんどい状態よりも、心の埃のない状態を維持するほうが、はるかに「楽しく」働けるはず。

2010年の年末は「トイレの神様」という歌が毎日のように流れていた。

2011年の秋には、2009年からトイレのリニューアルを続けていたという東京メトロ内の駅にこんなポスターが貼られていた。

『キレイなトイレから、キレイになれるトイレへ。』

机やトイレという、「身近な場所」を磨くことは、「自分を磨く」というのと同じことなのかもしれない。

自分の姿や心や行動をピカピカにしてくれる、神様がいるのかもしれないな。

POINT

机のすさみは、心の埃と思い、整理しよう。

04

結果を出す人は、嫌なことに出口を作る。
結果を出せない人は、モヤモヤを残す。

気分の切り替え、あなたはどうしているだろうか?
カラオケに行く?
お酒を飲む?
会社の愚痴を延々と話す……?

いろいろな方法があるだろうけど、絶対に効果的な方法を一つ紹介しよう。
それは、嫌なことを紙に書き出すことだ。

その紙はもちろんほかの人に見せる必要はないから、思い切って書いてしまえばいい。
僕が昔書き出していたことも、ものすごく他愛のないことばかりだ。

・○○（当時の恋人）が言った「なんでそんな忙しいの？」という一言がムカついた
・エレベーターが故障してイライラした
・なんだか昨日上司に言われたことが納得いかない
・なんだか最近ずっと熱っぽいのに休めない

こうやって挙げるだけで恥ずかしくなるけれど、いま書き出したとしても内容が変わるだけで、たいしてレベルは変わらないだろうな。ま、人間そんなもんだ。


そしてここからが大切！

一つひとつの事柄に対して、「じゃあ、どうしたら自分の気が晴れるように解決するか」を追記していくんだ。

・○○が言った「なんでそんな忙しいの？」という一言がムカついた
（「なんでそんなこというんだよ！」と言いたい、けど解決しないしもっと腹が立ってケンカになりそうだな……　それは嫌だなあ……）

↓仕事一生懸命やってるんだよ！　ということをわかってくれたら、すっきりする。

・エレベーターが故障してイライラした
↓まあ、もういまはどうでもいい
・なんだか昨日上司に言われたことが納得いかない
(何言われたんだっけなあ。なんか小さいことだったけど……　あ、電話のかけ方を注意されたんだっけ。しかも急に。まあでも一理あるしなぁ。言い方が嫌だったんだよなあ)
↓とりあえず、電話のかけ方だけ注意して、今回は受け流す。大きな問題じゃない。
・なんだか最近ずっと熱っぽいのに休めない
(ずっと体調悪いからイライラしてるんだな)
↓休みをとりたい。来週のプレゼンは大事だから、それまでに午前休でもとれないか、
上司に相談してみるか

ポイントは、「気が晴れる」だけでなく「解決する」ためにはどうしたらいいかまで考えて書き出すことだ。

僕の場合、心を占めている嫌なことの半分以上は、**書き出してみると「まあ、たいした問題じゃないな」と思うことができる**ことが多かった。

さらに残りの3分の2は**意外に解決策がある**こともわかった。

誰かに相談したり、ちょっと自分の行動を変えてみたり、そのくらいのことでよかった。

最後に残ったものは、確かに「どうしようもない」こともあった。


しかし、**「どうしようもない」ということがわかるだけでもすっきりする**もんだ。

たとえば、「最近上司の機嫌がずっと悪い」と思っていろいろ策を考えたけど、どうもうまくいかない。そうすると、「もうどうしようもないな」と思える。

そうすると、どうしようもないからどうもしなくなる。つまり、「動じなくなる」んだ。


人は「嫌なこと」に心をすぐに奪われてしまう。

そしてなぜか、その「嫌なこと」というのは、そろいもそろって「解決不可能」みたいな顔をしている場合が多い。まるで出口がないように見える。

そうするとほとんどの人は「どうしよう」と思って、「嫌だなー、嫌だなー」と繰り返し考え始める。

でも実は、嫌なことや悩みというのは、大きく二つに分けられる。

「行動して解決できること」と「時間しか解決してくれないこと」の二つだ。

前者の場合は行動すればいい。後者の場合は時間が経つのを待てばいい。


僕の会社で、入社3年間ずっと事務職で一切営業経験のなかったRさんという女性がいる。彼女はうちの組織ではじめて電話営業をやることになった。

電話一本でお客様をセミナーに招待する仕事で、彼女は毎日100件近く電話をする。

うまくいく日もいかない日もある。

しかし、彼女は始めて数カ月後、毎月50社近くお客様を招待できるようになっていた。

いままで同じく営業マンが取り組んで出した結果の約2倍もの件数だ。

電話営業は大変な仕事だ。

電話のほとんどは断わられる。さらに彼女は大阪支社の担当だったので、ものすごい言葉でガチャ切りをされることも毎日だという。

僕は彼女の電話営業の様子を見ていてつい聞いてしまった。

「Rさん、そんなにずっと電話していて憂鬱にならないの？」

彼女は平然と返事をしてきた。

「そんなのいつもですけど」

僕は心底びっくりした。そんな憂鬱でもすごい成果を出せるなんて！

彼女はびっくりしている僕に対して、自分のノートを差し出した。

「だから、絵、描いてるんですよ」

そのノートには、驚くほどの落書きがあった。

漫画のようなトーンの絵もあれば、ただ円をぐるぐると書きなぐったものもある。かと思うと、普段飲んでいるペットボトルのお茶のパッケージをただただ模写したものも。

ここで僕は、また一つ大きなことに気付いた。

これは、僕が「嫌なこと」を書き出していたノートと同じなのだということ。

僕にもRさんにも、嫌なことがある。嫌だなあ、と思う気もちは簡単に変えられないし、しょうがない。

でも、「**嫌なことには絶対出口があることを知っている**」から、前に進めるんだ。

どんな問題にも終わりがあり、出口があることをちゃんと知っておき、時間しか解決してくれないことは時間が経つまでなんとか心を逃がしておくのだ。


嫌だなあ、とか何だか憂鬱になったとき、考える時間をしっかりとることで、自ら負のスパイラルにはまる前に、自分の心を逃がしてあげられる。

それだけで、あなたの仕事への集中度合いは増し、確実に成果を出す行動に集中できるようになる。

これが、自分の心のセルフマネジメントだ。

POINT

**終わりのない問題はない。

問題を終わらせていないのは自分の心。**

05

結果を出す人は、自分の未来のフタをこじ開ける。結果を出せない人は、自分の未来にフタをする。

僕は年齢の割には転職（会社とともに職も変えた）を繰り返したほうだと思う。

「地獄の特訓」で講師職をした1社目。

大手人材派遣会社で営業職だった2社目。

一部上場のコンサルティング会社で営業兼コンサルタントをした3社目。

そして代表を務めるいまの研修会社（講師をし、講師マネジメントもしている）が4社目ともいえるかもしれない。


僕は転職が悪いことだとは思っていない。

ただし、世の「転職」には二つのパターンがある。

それが、自分の未来にフタをした転職と、フタをしない転職だ。


そう聞くと、もしかするとこう思う人がいるかもしれない。

「いまの自分の可能性にフタをしないためにも、やっぱり新天地に飛び出すべきだな！　いまの会社じゃせっかくの可能性にフタをしてしまうかもしれないしね！」

残念ながら、この考えに僕はＮＯだ。

そして、この考えこそが「自分の未来にフタをしているんだ」ということをここでは伝えたい。


僕が最初に勤めた会社は本当に厳しい会社だった。

だから、同期で早いタイミングで会社を辞めていく人も多かった。

「丸茂、俺やっぱり会社辞めようと思う」

同期で部も同じだったN君が入社４カ月目にそう言ってきたとき、僕は彼にいっしょにもう少しがんばろうよ！と話した。

仲もよかったし、僕らならなんとかがんばれるかも、と思っていた矢先だったから。

でも、彼から出てくる言葉は「○○さんみたいな上司の下で働くのは辛いよ」とか「こんな厳しい環境は、俺には無理だ」というものだった。そして、たった3日後に会社を辞めた。

確かに彼にとっては厳しい環境だったかもしれない。

ただ、一つ言えることがある。

それは、N君にも僕にも与えられた環境はまったく同じだったということ。

このとき、僕と彼にはどんな違いがあったのか？

僕は「こんな辛い環境でも、僕ならできる」と思っていた。

彼は「こんな辛い環境では、俺は無理だ」と思っていた。

ここに、自分の未来のフタがあるんじゃないかと、僕は思っている。

ちょっとたとえ話になってしまうが、想像してみてほしい。

あなたの「成長」が上に向かって伸びる矢印みたいなものだとしよう。

しかし、その矢印が伸びる途中でじゃまが入る。これが、「フタ」だ。

「辛い環境があるから無理だ」

「こんな嫌な上司がいたら成長できない」

「この会社では、自分は実力を発揮できない」

などとこのフタを感じ、フタをこじ開けることなど考えないまま「自分には無理だ」といってあきらめて、次の居場所を探す。

それが、「結果の出ない人」の転職だ。


残念ながら、その「あきらめ癖」はどんどん身に付いていく。だって楽だから。

だから、理想とした会社に転職したって、また同じように「フタ」が覆いかぶさったときにあきらめてしまうんだ。


僕は確かに会社に不満を抱いた時期だっていっぱいあったし、いろいろと偉そうに(笑)書いてはいるけれど、上司に腹が立ったり、「こんな厳しい会社、いつか絶対見返してやる!」なんて思ったりもしていた。

ただ、転職をするときに一つ決めていることがあった。

「そのとき、フタだと感じているものを、思いっきりこじ開けてから転職をする」こと。

20歳そこそこで「地獄の特訓」で講師職をした1社目では、「みんなの足手まといな自分」というフタをこじ開けて、ほかの講師に必要とされるような存在となってから辞めた。

大手人材派遣会社で営業職だった2社目では、「営業初体験で何もできないかもしれない」というフタをこじ開け、営業でトップクラスになり支店長としても結果を出してから辞めた。

一部上場のコンサルティング会社の3社目では、「自分より学もあり頭がいい人がたくさんいて、全然活躍できない」という状態のフタを開けて関東一番のチームを作ってからいまの職に就いた。

自分の未来にフタをするというのは「いま目の前にある課題から逃げ出す」ことだ。

残念ながら、一度ぶつかった課題というのは、たとえその場で逃げおおせたとしても、人生のなかでまた再び必ず直面する。

そこからの逃げ癖だけ付ける転職なんて、何の意味もない。

「いま目の前にある課題に飛び込み、乗り越える」ことこそが、自分の未来にフタをしないということ。

それを成し遂げたとき、あなたは絶対に成長し人間としてたくましくなっている。

自分の未来というのは、自分が積み重ね、自信をつけたことの延長線上にしかない。

そして、その「フタ」をこじ開けた分だけ自信がつき、さらに新たなことにチャレンジができる。

「フタ」があるから無理、だなんていって、何かのせいにしている以上は、「あきらめ癖」「負け癖」「逃げ癖」がつくだけ。

そんな自分に、あなたはなりたいだろうか？

人には人の思い描く未来を歩む権利がある。

だからこそ、目の前にある「フタ」をこじ開け、あなたが望む未来を手に入れてほしい。

POINT

目の前のフタは、あなたなら開けられる！
逃げる前に、こじ開けろ！

06

結果を出す人は、親を大切にする。
結果を出せない人は、誰にも感謝しない。

僕は、17歳のとき、父親の転勤があり、それ以来両親といっしょに住んでいない。
福岡に転勤になることが決まって、父と母は僕に転校してほしいと思っていた。東京で当時看護学校に行っていた姉と二人暮らしをすることを決めて告げたとき、台所に立つ母が泣きだしたことをいまでも覚えている。

当たり前だけど、家を出てからは、自分のことは自分でやった。
食事を作るのも、洗濯も、掃除も。
そんなの、一人暮らしを経験したことがある人なら、みんなそうだと思う。
ただ、僕は家を出てから改めて思ったことがあった。
それは、「当たり前のことなんて、何一つないんだな」ということ。

上司が食事をおごってくれた、同僚が親身にアドバイスを聞いてくれた、彼女が料理を作ってくれた。

そういう特別なことには人は感謝をする。

しかし、「親が毎日ご飯を作ってくれる」「親が一生懸命働いて、大学に行かせてくれた」ということに対しては、意外にも当たり前ととらえてしまうことが多いんだ。

でも、こんなの全然当たり前じゃない。

僕も親だから、親の立場としては子供のために「当たり前だ」と思ってがんばっている。

しかし、それらを受けとる側が「当たり前だ」と思ってしまうことに対しては、疑問を感じるんだ。

僕はいま研修講師をしていて、一人ひとりの抱える根本的な「課題」というものに肉薄するような内容のときには、相手が嫌がるような指摘もしなければならない。

たとえば、管理職向けの研修のとき。

「○○さんは、自分のチームをもっているんですよね？　でも未達成が続いてる。それは、誰の責任だと思いますか」

相手はこう答える。

「それは、もちろん私の責任ですよ、丸茂さん。そんなことはわかってます。わかってはいるんですけど、部下がちゃんと動いてくれなかったりもするし。どうしようもないときだってあるんです。むしろ、それに対して私も努力をしているし、どうしたらいいかわからないんですよ」

僕は畳み掛ける。

「部下がちゃんと動かないのは、誰の責任でしょう?」

「それも、私の責任だということですよね。わかってます。でも……」

正直、このようなやり取りをする相手というのは限られている。

そして自分の責任としてとらえられず、態度を変えようともしない人には、改めてある共通点があることがわかったんだ。

それは、「自分の周りの人や環境に感謝する心がない」ということ。

「わかってるんだけど、できない、難しい」ということだけを繰り返す人は、言外に「自分はわかっているし、一生懸命やっている。でも普通はやってくれるはずなのに、やってくれない他人や、いまの環境が悪い」という思いをもっている。


あなたはどうだろうか？

たとえばあなたがいる環境、与えられている環境は、すべて「当たり前」なんだろうか？

あなた一人ががんばっていれば、必ず「得られる」ものなのだろうか？

僕はそんなもの一つもないと思う。

会社は営業だけでは成り立っていないし、人の人生は一人では絶対に成り立たない。

「与えられるのは当たり前のこと」と思っていると、周りに感謝ができず、できないことは当然のように周りのせいにする。

そうした人達は、決まって結果を出していなかった。

もし、そういう考えが自分の心のどこかにあるな、と思った人がいるのであれば、「当たり前のことに感謝する」ということを始めてほしい。

その第一歩が、「親に感謝する」ということだ。

生み育ててくれたこと。

いまも支えてくれること。


「感謝をする心」は行動で表そう。

月に2回は電話をしたり、たまにはプレゼントを贈ったり、継続的に続けたほうがいい。

だって、これまでずっと見守ってくれたことを考えたら、たった1回の「ありがとう」で済むはずはないんだから。


僕の会社では毎日の日報に「感謝」という欄を設けている。

日々、「今日の感謝」を名前を挙げて述べるのだ。


Kさんという女性は、この感謝欄を書き続けることで周りへの見方が変わったという。

いままでは「当たり前」だと感じていた周りの行動に、どれだけ支えられていたか気付き、日に日に感謝を伝えようと思う人が増えていったのだ。

まだまだ、気付けてないこともたくさんあるし、サボってしまうこともあるようだけど、周りに対して腹が立ったりすることが減り、「もっと自分も何かしてあげたいな」と思うようになってきたという。

これが、成果への第一歩なんじゃないかと、僕は思っているんだ。

「与えられている環境を、当たり前と思わず、感謝すること」

これができている人は、必ず大きな成果を出す。

この成果への第一歩、あなたも踏み出してみてはどうかな。

POINT

与えられることに、何一つ「当たり前」のことはない。感謝を言葉にすることで、感謝心はさらに高まり、あなたは成果への一歩を踏み出す。

付録

明日から変える4つの行動

IT IS EASY TO ESCAPE
FROM HARD PLACE
AT ANY TIME.
BUT IT CANNOT
ESCAPE FROM
YOUR OWN LIFE.

ここまで読んでくれてありがとう。

この章では、あなたが「明日から見違えるように変わる」具体的な行動を伝えたいと思う。

あいづちを打つ

～うなづき5回なるほど1回～

「結果を出す人」になりたいと思うのであれば、「あいづち」が強力な武器になるのは間違いない。

まず、確認してみてほしい。

「自分は普通にあいづちができているか？」

実はこの「普通のあいづち」すらできない人はとても多い。

毎年5000人近くにセミナーをやっていて、日々実感する。

10人のビジネスマン（しかも管理職以上のクラスの人々）がいて、2人あいづちをしていれば万々歳だ。

だからここにチャンスがある。

まずはちょっと「あいづち」をしてみてほしい。

どうだろう？　もちろん、みんな首を縦に振っているよね。


ここに一つの落とし穴がある。

人は「人に頭《こうべ》を垂らす」ことを嫌うんだ。


あなたはどんなときにあいづちを打つだろう？

誰かの話を聞いているとき、さらに、その話に納得したり共感したりしているときに打つんじゃないかな。何かしら、「納得している」ときに打つのが「あいづち」ってやつだ。


しかし、世の半分の人はたとえ相手の話に納得していても、意図してあいづちを打たない。

なぜかって？　さっきも言ったように、人に頭を垂らすのが嫌だからだ。

そうしているうちに、あいづちを打たなくなるのが当然になる。


もし、あなたがあまりあいづちを打たないのであれば、それはものすごくもったいない。

なぜかというと、あいづちは入社3年目のあなたにとって、無料で使い放題の技だからだ。しかももっと年上の人達は使っていない技。

これを徹底的に磨けば確実に先輩・上司より勝てるチャンスがゴロゴロ転がっているんだ。

なぜならそれはあいづちは話を聞く力だから。

話を聴いてもらっている人は、あいづちによって嬉しくなり、自分の話に酔い、さらに気もちよく話ができる。

そして、話を聞いてくれている相手のことを、「いいやつだな」と必ず評価してくれるのだ。

前置きはさておき、ここからは実践編だ。

是非めいっぱい首を振りながら読み進めてほしい。

これができるようになるだけで、あなたへの評価はうんと高まることは間違いない。

①あいづちを連打すればいいのか？

うちの社員のN君のあいづちはすごい。

彼との出会いは、入社時の面接。僕との面接の際のあいづちが、とにかくものすごかった。

まさにあいづち連打とはこれか！　と言わんばかりに、僕の話の間とか無視してうんうんうんうんと……　しまいには「うん」って言ってみたりして。

まぁ実はこれは「やりすぎ！」の「すごい」で、おもしろかったので採用したのだけど（笑）。

でも面談の機会など、普通のビジネスの世界ではもちろんＮＯ。

だって、むやみやたらにあいづちを打たれていたら、たいていの人は、「お前は話を本当にわかってるの？」と思うだろうから。

だいたいそういうあいづちをする人は、相手の話が終わった瞬間に自分の話を畳み掛ける。

その瞬間に、話をしていた側は、「あー、やっぱりこいつ聞いてなかったな」と確信するわけだ。

つまり、まずここで最初に伝えたいことは「あいづちはとても大事。でも打ちすぎは信用を失う」ということ。

これは大前提。

②いつ、どのくらい、あいづちを打てばいいの？

じゃあ、いつあいづちを打てばいいのか？

それは、話と話の切れ目。つまり、相手の話の句読点に合わせてあいづちを打つことだ。

……いまちゃんとあいづち打ったかな？

次は、どのくらい?だ。

これは僕の経験則。

話の終わりの一文に、5回。

イチ、ニイ、サン、シ、で一呼吸してゴと打つ。

多くても10回。


ちなみに、5回は「わかりました」というときのあいづち。

8回は「考え中」のあいづち。

5回のときよりは、多少テンポをゆるめて、8回目のあいづちで相手に回答か質問をしよう。

たとえるのであればこんな感じ。

5回のときは、
相手「○○で、(うん)~なんだけど、(うん)◎◎ということがあってねー」

で、「そうなんですねー……(言葉と同時に((うん))×3回)」というように言葉をつなげる。

8回のときは、
相手「○○で、(うん)~なんだけど、(うん)◎◎ということがあってねー」

で、「なるほど……（言葉と同時に（（うん））×6回）」。

さらに、「あの、理解が理解が悪く申し訳ありません。○○についてもう少しおうかがいしてもよろしいでしょうか？……」という具合だ。


とにかくあいづちとは会話のつなぎであり、あくまでも相手の話をスムーズにするもの。

そのためには、相手の話しているペースをさえぎらないよう、適度な長さを守らないとダメだ。

③考えごとをしたいときは「なるほど」を使う

あいづちのリズムがつかめれば、それはあなたの最強ツールになる。

そして、その効果をさらに高めるのが、あいづちのあとの「なるほど」だ。


しかし！　これを使っていいのは30分に1回まで。これ以上使うと副作用が出る。

なぜなら「なるほど」というのは言葉のとおり「そうなんだ！」と思ったときに使う便利な言葉だけど、使いすぎると、「軽薄なやつ」と思われる危険性があるからだ。


僕は経営者という立場上、営業を受ける機会も多いのだけど、一見できそうな若手の営業マンほどこの言葉を多用している。

そしてだいたいそういう営業マンに僕は仕事を任せない。

「なるほどー」「なるほどなるほど」なんて、繰り返された日には、「バカにされてるのか？」なんて感じてしまうからだ。


ただ、繰り返さずに使うのであれば全く問題ない。

たとえば、顧客の悩みを聞いているときに、どんな解決方法があるか悩むときがあるだろう。

どうしたら、いい提案ができるのか？　相手の課題を解決できるのか？

そういうときには、相手の話をあいづちを使いながらしっかり聞いたあと、僕は少し間を置いて「なるほど……」と使う。

そうして、その言葉のあとに少し時間をとり、考えるのだ。

焦って話す必要はない。相手の話していたことを噛み砕いて理解する時間をとるんだ。

「なるほど」とは、あくまで感嘆詞。

驚きの表現でもあるのだから、あまりに多用すると「迎合」になる。

つまり、相手の言いなりだ。

それでは顧客はついてこないし、自分自身も知らず知らずのうちに迎合モードになってしまう。

本当に深く理解したとき、驚いたとき、そして考える時間がほしいとき。

そのときに心から「なるほど」と言うことがとてつもなく大事だ。

④連想ゲームでシンクロしよう

少し、話を深めよう。

あいづちを打つことで、相手の話を理解することになり、正しい「なるほど」を使うことで、その状態は相手に伝わる。

しかし、会話の時間は長い。さすがにこの二つだけでは成り立たない！

僕の好きな言葉に、「相手が〝理解された〟と思って初めて、あなたは相手を〝理解した〟ことになる」というものがある。

人は「わかったつもり」になりやすい。

しかしそれでは往々にしてすれちがいが起こるものだ。

だから、仕事をする上では絶対に相手が「理解してくれたな」と感じる必要がある。

そのためによく使われるのが、「オウム返し」。

しかし僕は、これはもはや有名なスキルなので、使えば使うだけ人としての軽薄さがにじみ出ると思っている。

だから僕はオウム返しは使わず、連想ゲームを使う。

小さいころによく遊んだ、あれだ。


連想ゲームは簡単だ。

「今月は結構忙しくてね～」と言われれば「それじゃ休みもないんじゃないんですか？」と忙しい人を連想して返してみればいい。

「なかなか仕事がうまくいかなくて」と言われたら「そうなんですか！　意外です。でもそうだとすると辛いですよね……」と返す。

普通に連想されることを返すだけでいい。外れてもかまわない。

外れたとしても、「まあ普通はそうなんだけど、実はさ……」と相手は教えてくれることだろう。

多くの人は「普通と違う」ことは自慢したいことだ。

たっぷりとその話を聞けばいい。


たいていの場合は、この小さい言葉の変換をするだけで、相手は不思議とこう返してくれる。

「そうなんだよ！（よくわかったね！）」と。

この言葉を3回聞けたら、あなたはその人にとって大切な相談相手になっているに違いない。

相手はあなたに『理解された』と思っているはずだから。

⑤目指すは芸者

あいづちの最後に、一つ伝えよう。

なぜ、僕がこんなにあいづちや、相手を理解することにこだわるのか？

それは、相手を喜ばせたいからだ。


僕がいままで言われたほめ言葉のなかで、もっともうれしかったのがこの言葉。

「丸茂君は、男芸者だな！」

ある東証一部上場の経営者と会食をした際に言われた言葉だ。


芸者と言われたからといって、僕は芸をやったわけではない。いま言った「あいづち」+「なるほど」+「連想ゲーム」をやっていただけだ。

僕は、自分がしたいときにあいづちを打っていたわけではなかった。

相手が「すごいだろ」と伝えたいとき、「わかってくれよ」と思っているとき。

そういうときに、思いっきりこれらの技を使った。

そうすると、相手は「理解された」と感じて、本当に喜んでくれたんだ。

自分の好き嫌いでするあいづちでは、仕事上は意味がない。

そうではなく、相手を喜ばせることに軸をおいて、「理解している」「理解したいと思っている」ことを思いっきり表すんだ。

そうすれば、あなたが「任せてほしい」と思っている仕事は、自然と任されるようになるに違いない。

こだわる
〜自分を高めるためのチャレンジを一つ決めてとことんやる！〜

僕は、あなたに何か一つ。一つだけでもいいから、ピッカピカに磨き上げてほしいと思う。


僕は学校での勉強も普通（いや、やや悪い……）、スポーツも普通、顔も普通（だと願う）、中肉中背、そしてカラオケもうまくないし、特にこれといって抜きん出ていたわけじゃなかった。

でも、僕にはいつもなんとなくの「自信」があったように思う。

「俺なら大丈夫」っていう気もちだ。


何が僕を支えていたのか？

それは僕が行ってきた、たくさんの「こだわり」だ。

この「こだわり」こそが、人に自信を与え、人生を一変させる一番の方法なんだと思う。


僕の部下を見ていても、研修を受けてくれる人々を見ていても、みんなそれぞれの思いで「自信がほしい」と願っている。あなたもそうかもしれないな。

でもみんなここで大きな勘違いをする。

「自信とは、大きな成果を出したときに得られるもの」と思ってしまっているのだ。

たとえば会社の営業成績を圧倒的に上げるとか、ノルマをクリアするとか、指示された資料を納期までに完璧に上司を常に感動させるようなできで作るとか、大事なプレゼンで参加者から賞賛を得るとか。


でも、実はそうじゃない。

自信は、ある日突然生まれるものじゃないんだ。

小さなこだわりを小さな成果にして、少しずつ積み重ねていくことで、いつの間にか大きな自信となって身についているものだ。


その具体的な行動が、「自分との約束を守る」ということだ。

一つ自分との約束を守ると、一つ小さな自信が自分のなかに貯まっていく。

これは、目には見えない。

でも、そのちょっとずつの自信が積み重なっていくことで、一発大きい成果を出して「自信」をつけるよりも、圧倒的に重みのある自信が自分のなかに蓄積されるんだ。

おこなうことは、自分にプラスなることであれば何でもいい。

ただ、一つ決めて、それをやり抜くんだ。


たとえば、毎日30分英語の勉強をするとか。

みなが毎朝8時30分に出社しているならば、自分は朝8時00分に出社するとか。

本当に小さなことでかまわない。ちょっとした努力を「毎日」続ける。

「もうちょっとだけがんばらないと続かないな」というレベルのチャレンジでいいんだ。


ロールプレイングゲームといっしょだ。

敵を倒すともらえるポイントみたいなものを人間はもっていて、そのポイントを自分が決めた小さなチャレンジを実行することで貯めている。

そしてこの「敵」というのは、自分だ。

「今日は疲れたし、やらなくてもいっか！」

「まあでもここまでしなくてもね」

なんていうふうに、言い訳してやらない理由を探す自分。

その自分という敵にどれだけ打ち勝って、ポイントを手に入れられるか。

でも、ずっと同じことだけを続けるのはゴールがないマラソンをしているようなもので、僕のような凡人には到底続かない。だから、僕は期間を決めて戦うようにしている。

僕は一社目の会社を辞め、初めての営業職になったとき、まず飛び込み訪問を、この1週間だけは一日100件ずつやると決めて営業をした。

手書きの面談お礼手紙を3カ月間必ず続けた。

朝6時起きを10日間やってみた。

1週間、毎朝30分本を読んだ。

週2回トイレ掃除を2カ月間やった。

3カ月間、週末に必ず靴磨きをした。

1カ月間、朝食は必ず食べた。

こんなことを僕自身は実際に「続けて」きた。

それによって、自分の力を信じることのできる力を手に入れた。

これこそ他人から決して与えられないが、自分で作り出すことができる最高の武器だったんだ。

僕が実行した内容を見て、みんなからすればそれは無理って内容もあるかもしれない。

だから目標は人それぞれ作ればいい。

その継続的行動により、経験値が上がるとレベルアップし、その結果成長につながる。

そして、続けることにはもう一つ特典がある。

それは、期間を決めて実行したあとは、意識しなくても続けられる確率が高いってことだ。

人の脳は一度続けだすと継続しておこなうことができるようにプログラムされているんだろう。

だからある一定期間実行したことは「習慣」として身についたりするものだ。

家庭で「いただきます」を言う人はランチのときにも小声で「いただきます」って言っていたり、軽く頭を下げたりしてから食べているのといっしょ。


自分に新しい行動プログラムを定着させるわけだ。

もちろんそのプログラムは「自分を高めるためのプログラム」。

まずは、何か一つ小さいことでいい。

ちょっとだけ背伸びするような気もちで、期間を決めてやってみよう。

それは、絶対にあなたの行動プログラムを塗り替え、ほしい自信ポイントを貯めてくれるはずだ。

考える

〜なぜ？　なぜ？　と、2回繰り返す〜

僕はどうすれば頭がいい人みたいに考えられるのか？とずっと思っていた。

学歴がある人は話をしていると何か頭よさそうな話し方をするし、話していることはよくわからないけど、雰囲気的にすごそうって感じがした。

ただ多くの頭のいい人達と出会うなかで、僕が特に「この人はすごいな！」と思う人が何人もいて、そういう人の話し方などを見ていると、一つの特徴が見えてきた。

それが「話を聞いた瞬間に即答しない」ということ。

要するに考えてから話をしているということなんだ。

たとえば営業マンが営業先で商品を提案した際に先方から「いま忙しいからまた半年後くらいかな〜」と言われたときに、できない営業マンは「そうですか〜　じゃあそのころ……」となる。

でもね、よく考えてみてほしい。

なんで、半年も忙しいんだろう？　不思議だと思わないか？

実は、この理由を営業マンはわかってないのに、なんとなく「じゃあ、半年後には買ってくれるんだな！」といいように解釈してしまうんだ。自分で、勝手に！

ちゃんと理由を確認することなしに、自分で引き取ってしまっては、これからどうすればいいか判断ができないはずだ。

もしかしたら、３カ月後には検討するフェーズに入るかもしれないし。

そもそも本当に検討する気がないのかもしれないし。

曖昧にすることよりも、なぜ？という理由を聞いたほうが、お互いにすっきりする。

そして、聞いてわからなければ、もう一回だけ聞く。

このケースだと「なぜ忙しいのですか？」の質問に対して、こんなやり取りができる。

お客様「実は先月社員が2名急に退職してしまい、その穴埋めで採用活動に忙しくて……」

営業マン「なぜ辞めてしまったのですか？」

お客様「他にやりたいことができたって言ってたけど、具体的には聞いていないんだよね。止めても難しいかなって思って」

営業マン「そういえば私のお客様のところで……（事例）」

お客様「なるほど、そういう考え方もあるのか！」

営業マン「今回採用される方も含め、同じような退職者を出さないためにも、弊社の○○を検討されたほうがいいのではないでしょうか？」

お客様「確かにそうだなぁ」

こんな感じで話を「聞く」ことだってできるのだ。

もちろんこれでもわからないことがあるかもしれないけど、最初のうちは2回程度にするのがいいと思う。

「なぜですか？」って3回も4回も5回も聞かれたら、聞かれたほうが「ムッ」ってする可能性もある。

もちろん自分のことについて考えるときも同様に、2回が好ましい。

なぜなぜばっかりやってると、思考ばかりして、仕事が進まないなんてこともあるから。

ここでは、自分のミスで上司に叱られることを考えてみてほしい。

【悪い例】上司に叱られる

①まず、上司に叱られた理由は？

A 自分がミスをしたから。

②だからどうする？

Ａとにかく謝り、繰り返さないようにする！という決意を口にする
③上司さらに激怒！（「お前わかってるのか！　だいたいな〜」）

【よい例】上司に叱られる

①まず、上司に叱られた理由は？
Ａ自分がミスをしたから。
②ミスをした何について怒っているのか？（なぜ①）
Ａ対応の遅さと報告が後手になったこと
③なぜ報告しなかったのか？（なぜ②）
Ａ報告することの重要性を理解してなかったし、なんとかなると思ってた。
でも、その結果会社に大きな迷惑をかけることがわかった。
④今後どうすればよいのか？
Ａうまくいっていないときには、即座に上司に相談をする
というように、なぜを2回使うことで、三つのメリットが生まれてくる。
●自分の問題点を深掘りできる
●相手に感情移入（何について言っているのか？）できるようになる
●発言が浅はかでなくなる！

つまりこの「なぜ2回思考」は、思考が深くなり、相手に感情移入しやすくなり、発言に深みが出るという、いいとこだらけの武器なんだ！

※使用上の注意

自分の話ばかりしようとしている人間には「なぜ」が思考に出てこないケースがあります。相手に興味をもつ前に、自分が話したいことしか考えてないから。「なぜ」が重要だと思ったならば、是非自分のことだけじゃなくて相手のことをまずは考えるようにしましょう！

本を読む
～自分のなかに深く読み込む～

僕は、20代のころは本を月1～2冊しか読まなかった。

ただ、読むときは、人に勧められたものをとにかく読んだ。そのなかでも特に成果が出ている人、自分が憧れる上司がよいと言っている本は、何が何でも読むようにした。

結果を出している人が勧める本を読めば、その人の思考に近付けると思ったから。

本を読むのは正直苦手だったけど、おかげで少しずつ読書の習慣がついて、いまはだいたい月10冊くらいは読むようになった（とはいえ本を書く人としては少ないだろうな）。

そしてもう一つポイントがあった。

本は「買う」ということだ（この本を何が何でも買え！ということではないので、あしからず）。

自分で買わないと、マーカーや付箋で大切なところに印を付けたりできないからだ。

ただ読んで終わりの本では意味がない。

だって、本には使える言葉やフレーズがたくさんある。

僕はよいフレーズやよい内容は、何度も読みなおせるように印をする。

僕の営業マン時代の上司のOさんは、とてつもない量の「書き込み」を本にする人だった。僕はそれをまねしたにすぎない。

Oさんはブックカバーを付けて本を読む人だ。しかし、そのなかの本はボロボロ。マーカーはもちろんのこと、読んだ上で考えたこと、思いついたことまですべて本にメモをしていた。

Oさんは当時グループでNO・1の営業成績を上げるチーム作りをしていた方だったから、僕は絶対にその力を身に付けたいと思っていた。

だから、本だけではなくまねできることは何でもまねをした。

とはいえ、話し方とかすべてまねするのは難しい。

本の読み方をまねするのは、一番難易度が低い方法だったんだ（ちなみにいまOさんは30代半ばだけれど、年商数百億のサービス業で取締役をやっている。やっぱりすごい人だ）。

そして、もう一つ重要なことは、その**フレーズや内容を人にシェアすること**。

自分だけの知識で終わらせると、記憶も定着しないし、自分で完結させる情報なんてそもそも価値があるのかどうかがわからない。

いまはツイッターやフェイスブックがあるので、シェアも簡単だ。

また、僕は読んでよかった言葉は、必ず人に伝えるようにしている。

そうすれば、自分の考えの整理にもなるし、記憶も定着する。

僕のセミナーを聞いた多くの人は、僕が『スラムダンク勝利学』（集英社インターナショナル）や『夢をかなえるゾウ』（飛鳥新社）が好きなことを知っているはず。それくらいよく話をしている。

そして一番重要なことは、これらの本がただ好きだとかよかったということではなくて、それらが**いまの自分にとってどういう価値があるのか？という点と、聞き手にとってどういう価値があるのか？という点の二つの意味において話をする**ことが大切になる。

そうすると、その言葉はあなた自身の言葉になるんだ。

本を読むという行為一つとっても、その人の仕事の進め方が見えてくると僕は思う。

本を読むのは、知識を増やすためだ。

でも、僕はそれらの根本にあるのは、「人にうまく自分の思いを伝えられるようになり、人や仕事のことをもっと理解できるようになるため」だと思っている。

どんな仕事によらずとも、これは必ず必要なことだから。

最後に、あなたに。

数年前まで何十億もの利益を上げていた会社が、わずか数年で大赤字になる時代。

僕達はこういう時代に、何を信じて生きるべきなのか？


その答えは「自分」だ。

どんな会社であっても「絶対安泰」はないし、仮にあなたの勤める会社に何かあったとき「自分だけなんとかなる」なんてことはない。

そもそも会社は、社員を守るためにあると同時に、社員自身が作り上げているものだ。

僕が前の会社でマネージャーだったとき、会社の業績悪化により、自分の部下達と離れ離れにならないといけなくなったことがあった。悔しくて情けなくて、自分の力のなさを嘆き苦しんだ。

そのときに決意したことがある。

もう二度と同じような想いはしないし、させないということ。そして、いつか力を付けて、この経験を本にするということ。

あれから3年。当時書こうと思っていた本の内容とは少し違うけれど、こうして現実となった。決意したことは、自分があきらめない限り現実になる。

では、自分を信じるとは、どういうことなのか？

それは「どこでも生きていける」という自信であり、それが「生きる力」だ。

生きる力さえあれば、あなたは必ず人に必要とされ、どんな職場であっても結果を出す人材となるだろうし、それこそ自分で何かを起こすことも可能かもしれない。

そして、その力を手にするためには、いまの仕事を通じてチャレンジし、1秒でも早く小さな失敗をし、1秒でも早く成功という体験を積むことが必要だ。

その結果、大きな報酬を手にできる。

しかし、一つだけ、勘違いしないでほしいことがある。

ここでいう報酬とは「お金」のことじゃない。「報酬＝仕事」だ。
与えられる仕事が難しいものであればあるほどチャレンジができ、そのチャレンジがさらにあなたを成長させる。

「与えられる仕事は最大の報酬であり、仕事の報酬は、さらなる仕事である」

このことを忘れずに仕事に取り組めば、その姿勢に上司や先輩、クライアントはあなたを必要な人間だと感じ、あなたに仕事を依頼する。そしてあなたはそれに応える。
この繰り返しの結果、あなたは生きる力を手にする。

生きる力を手に入れれば、次のステージがあなたを待っているよ。
では、次のステージでまた会おう。

２０１２年３月

株式会社トレーニング・カンパニー代表取締役社長　丸茂　喜泰

Special Thanks

最後にお礼をお伝えできればと思います。

出版にあたりご尽力いただきました明日香出版社の藤田知子さん、そして助手として常に全力でいっしょにがんばってくれた大司奈緒さん、ありがとうございました。

僕に生き方・働き方を教えてくれた人達
馬場精治氏・西山彬氏・岡崎浩樹氏・浅野忍土氏・杉山光氏・熊谷克己氏・山田正子氏・倉島智之氏・佐野優吾氏

大切な仲間達（敬称略）
石浜昭宏・卯田泰基・江口暢・及川裕樹・荻野純子・岩岸奈保子・金子美香・鈴木梨美・多氣頒絵・玉栄海資・内貴智行・長井広樹・西浦治・野々山広和・白田朋也・張替一真・平池優子・平井純・深野愛美・藤城欣央・本多来夢・升本郁子・升本甲一・森口敬・森本誠二・安河内亮・谷中美樹・山本翔太

そしていまの僕があるのは、前職の副支店長・支店長時代に共に「仕事」を「志事」としてチャレンジしてくれた関東支店の仲間達と、さまざまな葛藤の中、共に戦ってくれた2課の25名の仲間達と新谷さんのお陰です。みなさんとの時間が自分自身を大きく成長させました。みんな、本当にありがとう。

そして、愛する家族と両親に心から感謝します。ありがとう。
ここには書ききれないくらい、多くのみな様に支えられてこの本が生まれました。みなさん、本当にありがとうございます。
最後に、本書を読んでくださった読者のみなさんに深く御礼申し上げます。ありがとうございました。

■著者略歴
丸茂　喜泰（まるもよしひろ）
株式会社トレーニング・カンパニー
代表取締役社長
1976年3月11日　千葉県柏市生まれ。

1996年管理者養成学校（通称地獄の特訓）に入社。厳しい山篭り研修生活の中、歴代最年少講師を勤める。その後、大手人材派遣会社へ転職。入社2ヵ月後には全国2位の営業成績を修め、支店長昇格後は全国最下位支店を1年間で全国2位に引き上げる。2001年当時東証一部上場のコンサルティング会社へ転職。営業職の後、関東支店長を務め若手・新人ばかりの営業部隊を強豪のチームへ。2010年人材育成事業を行う（現）株式会社トレーニング・カンパニーにて新事業立ち上げを任され、代表取締役社長就任。経営手腕を振るう傍ら、年間5,000人以上の経営者・管理職・若手社員向けの研修、セミナー講師も担う。自己変革と決意を促し、情熱を呼び起こす「情熱研修」は、開催毎のリピート率100％という実績をもつ。一人でも多くの変革を導くことのできるよう日夜精進中。

ご意見をお聞かせください

ご愛読いただきありがとうございました。本書の読後感想・御意見等を愛読書カードにてお寄せください。また、読んでみたいテーマがございましたら積極的にお知らせください。今後の出版に反映させていただきます。

☎ (03) 5395-7651
FAX (03) 5395-7654
mail：asukaweb@asuka-g.co.jp

入社《にゅうしゃ》3年《ねん》で結果《けっか》を出《だ》す人《ひと》、出《だ》せない人《ひと》

2012年　4月　23日　初版発行

著　者　丸《まる》茂《も》喜《よし》泰《ひろ》
発行者　石野栄一

〒112-0005 東京都文京区水道2-11-5
電話 (03) 5395-7650（代表）
(03) 5395-7654（FAX）
郵便振替 00150-6-183481
http://www.asuka-g.co.jp

明日香出版社

■スタッフ■　編集　早川朋子／藤田知子／末吉喜美／久松圭祐　営業　浜田充弘／渡辺久夫／奥本達哉／金本智恵／平戸基之／横尾一樹／後藤和歌子／田中裕也／関山美保子　アシスト出版　小林勝／古川創一／野口優　総務経理　藤本さやか

印刷　株式会社美研プリンティング
製本　根本製本株式会社
ISBN 978-4-7569-1540-5 C2036

編集担当　藤田知子

株式会社トレーニング・カンパニー　企業プロフィール

“とにかく、「現場」と「行動」と「成果」にこだわったトレーニング”（研修）を実施。「講義を聞くより、『やってみる』」をモットーに、平均研修満足度97％を超える人材育成サービスを展開。

また、研修を机上の空論にしないために、現場でよりリアルな成功事例を生み出そうと、居酒屋「せかいち」の店舗運営もスタート。新橋烏森口店・上野店を筆頭に都内で展開中。

◆研修事業紹介◆

《　情熱研修　》

本書著者の丸茂喜泰が講師を務める、合宿型マインドセット研修。

参加企業のリピート率100％という圧倒的な満足度を誇り、個人の変革を促し、社会人として求められる「強いリーダーシップ」と「責任感」を醸成する、自己内観型の研修。

《　インハウス研修　》

企業成長のタイミングによって、組織の強化すべきポイントを見出し、時には「隠れた課題」まで掘り起こしながら、顧客と共に作り上げ効果を出す、完全カスタマイズ型の研修。マネジメント力強化・営業力強化・モチベーション向上・生産性向上・ビジネスマナー力向上、など65以上のコンテンツを元に、企業成長への次の一手を担う。

《　定額制研修制度トレセン　》

『経営力向上』『営業力向上』『組織力向上』を軸とし、６２ものコンテンツが受け放題の定額制研修制度。徹底したトレーニングと継続受講の「仕組み」で、自ら成長する組織作りに活用する企業多数。

《　ゲントレ　》

結果を“出し続ける”組織を作るために必要な「個の自立」を促す、実際の業務を通じたトレーニング。

成果を上げるために必要なPDCAサイクルを回す「仕組み」を導入し、一定期間で組織に変革と成果をもたらす。コンサルティングでもなく、研修だけでもない、新しい人材育成の仕組み＝「現場トレーニング“ゲントレ”」です。

◆お問い合わせ先はこちら◆

電話番号：03-5827-7765　　　メールアドレス：info@training-c.co.jp

所在地：東京都台東区寿一丁目5番10号　10階

明日香のベストセラー！

あたりまえだけどなかなかできない仕事のルール

浜口　直太

05年6月 発行
ISBN4-7569-0880-2

当たり前でとても大切であるにもかかわらず、意外と守られていないビジネス上の常識（ルール）を紹介します。

誰でも理解できるように、やさしい文章で書かれています。

『あいさつは相手の前まで行って元気よく目を見て』『出退社時はみんなに元気にあいさつしよう』『お客様には元気よく丁寧にあいさつし、誠意をもって応対しよう』『尊敬語と謙譲語を峻別しよう』『人に不快感を与えない服装に心がけよう』『名刺はいつも持ち歩ききらさないようにしよう』『断わる時はまずお誘いに感謝し丁寧に』『手紙は丁寧に誠意を込めて書こう』など。

入社3年目までに読んでおきたい

あたりまえだけどなかなかでわからない

働く人のルール

前川　孝雄

12年3月 発行
ISBN978-4-7569-1532-0

元リクナビ編集長の人気講師が、ありがちな新入社員研修ではわからない、リアルな会社のルールを101まとめる。

これを読めば会社でうまくやっていけ、出世もできる！

上司は教えてくれない、マナーブックにも載らない出世のオキテ。

新入社員・若手社員が会社のしくみ・不思議を理解しながらその中でチームや上司とうまくやっていき、やがて出世する仕事・生活の習慣をつけることができるアドバイス。

マナーブックに載っていない、＜正しい＞というより＜賢い＞ビジネスマンになるために。

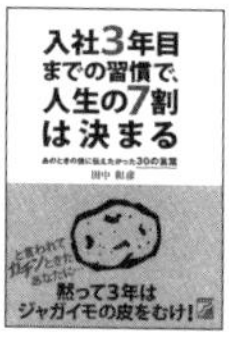

入社３年目までの習慣で、人生の７割は決まる

田中　和彦

「42 歳からのルール」の田中先生（キャリア・コンサルタントとして Be 連載中）が悩める 20 代に、キャリアと人生を考えて一歩踏み出すエールを送る。

定価 1470 円
B6 並製〈216〉
11.06 発行
978-4-7569-1468-2

やり過ぎぐらいでちょうどいい！印象に残るビジネスマナー＋α

著：舟橋孝之
瀬倉百合子
編：インソース

若手が「できる人」になる．見せるためのビジネスマナーをイラスト入りでまとめる。実務の基本ルールをおさえた上でレベル UP ポイントをバシッと決めれば、パッとしない中堅社員も見違えるように「要領のいい人」に見える！！

定価 1365 円
B6 並製〈200〉
11.03 発行
978-4-7569-1441-5

即応版！電話の応答が１時間でマスターできる本

松尾　友子

電話の応答は苦手、どのように答えればいいかわからない…本書では電話の受け方、かけ方、クレーム電話の処理、また今の時代には必要な基本的な簡単な英語での電話応対も収録。デスクのそばにいつも置いておきたい１冊です。

定価 1050 円
B6 並製〈136〉
11.03 発行
978-4-7569-1447-7

言いたいことが確実に伝わる　メールの書き方

小田　順子

何気なく使っているメールだが、本当に正しく利用できているのだろうか？　ビジネスを楽しく、効率よく、コミュニケーションを円滑にする、正しいメールの使い方を１冊にまとめた。

定価 1470 円
B6 並製〈248〉
11.01 発行
978-4-7569-1429-3

ノート・手帳・企画書に使える！図解表現　基本の基本

飯田　英明

今や情報は人に伝える場合も、自分自身の頭の整理にも図解でコンパクトにまとめることが大事。本書では基本ではあるけれども使える図解を紹介。そして手帳、ノート、企画書それぞれにどう図解を活かすか、実例を出しながら紹介！インプットだけではなく、練習問題でアウトプットもできる１冊です！

定価 1575 円
B6 並製〈200〉
11.06 発行
978-4-7569-1473-6

一人前社員の新ルール

黒川　勇二

ビジネスマンとして一人前ということはどういうことか。どう考え、どう行動すればよいか。会社が求めている人材とはどんな人材なのか。その求められる人材になるために必要なことがわかる本。

定価 1365 円
B6 並製〈236〉
09.05 発行
978-4-7569-1307-4

一人前社員の仕事の基本ルール

佐々木　丈裕

朝の挨拶、電話の取り方、コピーの取り方からメール送受信時のルールなど、仕事以前に必要とされるマナー、ルールを図版なども交え解説。新人さんはもちろんのこと、部下指導に携わる上司の方にもオススメです。できていそうでなかなかできていない仕事の基本ルールを、もう一度本書で見直してみませんか？

定価 1365 円
B6 並製〈256〉
10.03 発行
978-4-7569-1370-8

あたりまえだけどなかなかできない　話し方のルール

高津　和彦

ビジネスの場面でもプライベートな場面でも、一対一で話し伝えるのは難しいという人は多い。話すことの恐怖感を取り除き、徐々に話し上手になるための本。

定価 1365 円
B6 並製 <216>
08.03 発行
978-4-7569-1170-4

あたりまえだけどなかなかできない　敬語のルール

山岸　弘子

敬語の種類や知識などの基本事項から、ビジネスの場面別・状況別でどのように敬語を使うかまでをレクチャー。良い敬語・悪い敬語の例をたくさんあげ、実践で応用できます。敬語とあわせてビジネスマナーも解説。

定価 1365 円
B6 並製〈216〉
07.03 発行
978-4-7569-1059-2

あたりまえだけどなかなかできない　説明のルール

鶴野　充茂

プレゼンや交渉、報·連·相など、仕事は説明の連続です。そこで、説明下手の人が陥りやすいミスを基本中の基本のルール（改善策）として紹介。基本のルールを身につけ実践することで、相手と良好な関係を築き、円滑なコミュニケーションが図れるようになります。

定価 1365 円
B6 並製〈216〉
06.02 発行
4-7569-0957-4

あたりまえだけどなかなかできない　聞き方のルール

松橋　良紀

話ができないからコミュニケーションがうまくとれず、人間関係も広がらない？本当は違います。うまく聞くことができれば相手は心を許してくれますし、自分への評価も高まります。本書では相手から好感を得、人間関係も広がる、そんな聞き方の技術をNLP理論をベースに101のルールに則って解説します。

定価 1470 円
B6 並製〈224〉
09.01 発行
978-4-7569-1259-6

あたりまえだけどなかなかできない　雑談のルール

松橋　良紀

商談はできてもその後の小話ができない、何を言っていいかわからない。会話はできるけれどあまり盛り上がらず、もう少し盛り上がる歓談ができたら……　本書では雑談を楽しく、また相手とのコミュニケーションを円滑にするツールとするためのノウハウを紹介していきます。

定価 1470 円
B6 並製 <232>
10.04 発行
978-4-7569-1376-0

あたりまえだけどなかなかできない　文章のルール

高橋　恵治

今更人に聞けないような文章のルール。本書ではわかりやすい文章とはどのようなものか、どうすれば伝わる文章が書けるのか、をライティングのプロが教えます！これからの時代、文章力も重要スキルの1つ。本書で魅力ある文章を書けるようになりましょう！

定価 1470 円
B6 並製〈240〉
10.05 発行
978-4-7569-1384-5

あたりまえだけどなかなかできない　質問のルール

木戸　一敏

話ベタの方でもできる、聞ける質問のしかたを紹介。こんなこと聞いてしまったばかりに気まずくなってしまった、もっと気の利いたことを言いたかった・・・そんな経験はありませんか？本書は話しベタな著者が経験から学んできた質問のコツをまとめました。気の利いた質問でデキると思わせたい人へオススメです。

定価 1470 円
B6 並製〈216〉
09.07 発行
978-4-7569-1312-8

ベストセラー！

残業ゼロ！仕事が３倍速くなる
ダンドリ仕事術

吉山　勇樹著

08 年 12 月 発行
ISBN978-4-7569-1249-7

あなたは、「段取りのしかた」を学んだことはありますか？――

基本的に、段取りのしかたは、周囲の背中を見て学ぶもの、とされてきました。よって、体系立てて段取りのしかた、仕事の進め方を学習してきた人は少ないものです。

学生時代まではある程度決まったレールに乗っかっていれば、問題なく進むことができてきたかもしれません。しかし、社会人になった瞬間に、レールは取り払われ、自分自身でレールを敷く役目を負わないといけなくなるのです。

つまり主体性を持って、どのように仕事を進めていけばよいか？問題を解決していかねばならないか？と日々考えながら生活する必要が出てきます。しかしながら、段取りのしかたを習得する機会がないことは疑問に思いませんか？


この本は、そんなあなたに最適なアドバイスをさしあげます。